그림으로 읽는 **잠 못들 정도로 재미있는 이야기**

탄수화물

야마다 사토루 지음 / 김선숙 옮김

KB197673

BM (주)도서출판 **성안당**

머리말

다이어트[※]나 질병을 예방하는 데 칼로리 제한이 필수라고 여기던 시절이 있었다. 그런데 요즘에는 칼로리보다는 탄수화물(당질)의 과다 섭취에 주의해야 한다고 생각하는 경향이 강하다. 과도한 탄수화물(당질) 섭취는 급격한 혈당치 상승을 불러오고, 그렇게 되면 칼로리 과잉으로 비만이나 다양한 질병을 초래하기 때문이다.

그런 가운데 '탄수화물을 조금도 섭취해서는 안 된다', '탄수화물을 끊어야 한다'고 생각하는 사람도 있다.

탄수화물을 섭취하지 않고 살 수는 있지만 그런 생활을 꾸준히 지속하기는 쉽지 않다. 좋아하는 밥이나 면류, 디저트를 전혀 먹지 않는다는 것은 인내가 따르므로 실패하기 마련이다. 식사는 매일매일 하는 것이므로 즐겁게 먹으며 건강하게 다이어트하기 위해서는 탄수화물을 먹지 않으려고 할 게 아니라 어떻게 먹을 것인지를 궁리해야 한다.

탄수화물을 모두 끊어버리면 식이 섬유(섬유질)도 섭취할 수 없게 된다. '탄수화물 = 당질'이 아니다. 탄수화물은 당질과 식이 섬유로 이루어져 있다는 사실을 정확히 알고 다이어트를 해야 할 것이다.

이 책에서는 탄수화물을 먹어도 되는 식사법을 추천한다. 디저트나 간식도 실컷 먹어도 된다. 스트레스 없이 음식을 즐길 수 있는 식사법인 것이다. 번거로운 칼로리 계산도 할 필요가 없다. 운동 역시도 무리해서 하지 않아도 된다. 그런데도 혈당 수치가 개선되는 반면 근육량은 줄어들지 않는다.

탄수화물이나 당질 제한에 대해 제대로 알면 먹고 싶은 만큼 실컷 먹으면서 다이어트할 수 있을 뿐 아니라 질병을 멀리할 수 있다. 건강 밥상을 즐기자는 생각으로 지속해보길 바란다. 이 책이 먹는 즐거움은 온전히 느끼며 건강한 몸을 만들어나가는 데 도움이 되었으면 좋겠다.

기타사토대학교 기타사토연구소병원 당뇨병 센터장

야마다 사토루

※ 이 책에서 말하는 '다이어트'란 그 사람에게 가장 이상적인 바디 이미지와 체형에 가까워지는 것, 혹은 그렇게 되기 위해 먹는 행위를 뜻한다.

머리말 2

제1장

탄수화물 많이 먹으면 살찐다?

제3장
탄수화물, 제대로 알고 건강하게 먹자

7

칼럼

다이어트에 좋은 추천 메뉴 랭킹

야마다식 당질 제한식은 당질이 많은 음식은 적게 먹고 지방과 단백질이 많은 음식은 충분히 먹어 식후 고혈당을 막는 데 중점을 둔 식사법이다. 여기서는 이런 관점에서 다이어트 중인 사람에게 추천하는 주식을 소개한다.

추천 파스타 종류

(1위) 1위 카르보나라 지방(생크림)과 단백질(베이컨)을 동시에 섭취할 수 있다.

(2위) 페페론치노 올리브유를 듬뿍 뿌려주면 더욱 좋다.

(3위) 일본식 파스타 간장과 미림을 넣기는 하지만, 버섯을 넣는다면 식이섬유도 섭취할 수 있다.

BAD 미트 스파게티 소스와 설탕의 당질 함량이 많다!

BAD 나폴리탄 스파게티 케첩에는 당질이 듬뿍 들어있다!

추천 밥 종류

(1위) 볶음밥 달걀과 닭고기로 단백질을 섭취할 수 있고 기름도 사용하므로 좋다.

(2위) 고기 덮밥 단백질과 지방을 섭취할 수 있어 좋다. 달콤한 양념장은 사용하지 않는 게 좋다.

(3위) 달걀 올린 밥 달걀을 밥에 올려 먹으면 밥은 적게 먹으면서 단백질을 섭취할 수 있다.

BAD 카레라이스 카레 루 속의 밀가루와 감자에는 당질 함량이 많다.

BAD 오므라이스 치킨라이스에 당질 함량이 많은데 케첩까지 뿌리면 당질 과다가 된다.

추천 빵 종류

(1위) 크루아상 버터가 듬뿍 들어있어 지방을 섭취할 수 있다.

(2위) 롤빵 반죽에 버터와 달걀을 듬뿍 사용한다.

(3위) 바게트빵 올리브유와 버터를 듬뿍 발라 먹으면 좋다.

(4위) 식빵 식빵에 버터를 듬뿍 발라 먹으면 좋다.

BAD 과자빵 이름 그대로 과자라고 생각하면 된다!

제 1 장

...

탄수화물 많이 먹으면
살찐다?

'탄수화물=살찐다'며

탄수화물을 전혀 섭취하지 않고

다이어트하는 사람이 많다.

여기서는 먼저 탄수화물에 관하여

알아보자.

01 '당질=탄수화물'이 아니다

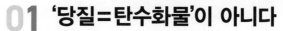

단 음식이 모두 당질이라고는 할 수 없다

먼저 '당질'과 '탄수화물'이 어떻게 다른지 알아보자. 3대 영양소라는 말은 많이 들어봤을 것이다. 생명을 유지하는 데 가장 필요하고 기본적인 세 가지 영양소를 묶어서 3대 영양소라고 하는데, 탄수화물, 지방, 단백질이 이에 해당한다. 탄수화물은 밥이나 빵, 우동, 파스타 등 주식으로 섭취하는 곡류 이외에 감자, 고구마 같은 뿌리채소, 설탕과 꿀, 과일에도 많이 들어있는 영양소이다.

그리고 탄수화물에서 식이 섬유(섬유질)를 뺀 나머지 성분을 당질이라고 한다. 당질은 연결된 사슬고리 형태의 분자 크기에 따라 단당류, 이당류, 올리고당류, 다당류, 당알코올 등으로 분류한다. 당질은 모두 달다고 생각하는 경향이 있으나 달지 않은 뿌리채소도 있고, 호박이나 전병처럼 전분의 함유율이 높아 많이 먹으면 당질 과다 섭취로 이어지는 것들도 있다.

탄수화물을 아예 먹지 않는 '탄수화물 끊기 다이어트'가 한때 주목받은 적이 있었는데 탄수화물을 끊으면 당질뿐 아니라 식이 섬유까지 섭취할 수 없게 된다. 식이 섬유는 지방, 단백질과 함께 우리 몸에 반드시 필요한 영양소 중 하나로, 당질을 섭취했을 때 장에서 당분 흡수를 느리게 해 혈당 상승을 완만하게 만든다. 그러므로 우리가 줄여야 할 것은 탄수화물이 아니라 당질이다.

탄수화물은 당질과 식이 섬유를 합쳐서 부르는 말

탄수화물 = 당질 + 식이 섬유

탄수화물은 당질과 식이 섬유로 이루어져 있고, 탄수화물에서 식이 섬유를 뺀 당질은 단당류, 이당류(단당류가 2개 결합한 형태), 다당류 등으로 이루어져 있다.

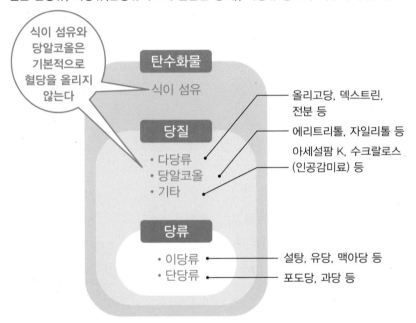

식이 섬유와 당알코올은 기본적으로 혈당을 올리지 않는다

탄수화물
- 식이 섬유

당질
- 다당류 → 올리고당, 덱스트린, 전분 등
- 당알코올 → 에리트리톨, 자일리톨 등
- 기타 → 아세설팜 K, 수크랄로스 (인공감미료) 등

당류
- 이당류 → 설탕, 유당, 맥아당 등
- 단당류 → 포도당, 과당 등

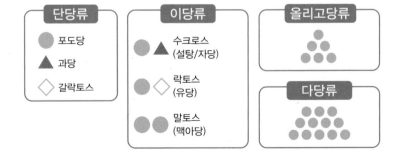

단당류
- ● 포도당
- ▲ 과당
- ◇ 갈락토스

이당류
- ●▲ 수크로스 (설탕/자당)
- ●◇ 락토스 (유당)
- ●● 말토스 (맥아당)

올리고당류

다당류

'당질=탄수화물'이 아니다

02 당질을 과다 섭취하면 어떻게 될까?

당질 과다 섭취가 심각한 질병을 부른다

고혈당은 당뇨병 환자뿐만 아니라 누구나 조심해야 한다. 혈당치란 혈액 속에 녹아있는 포도당의 농도를 말한다. 당질이 들어있는 음식을 먹으면 위와 장에서 당질이 포도당으로 분해되어 흡수된 후 간을 거쳐 혈액 속으로 흘러들어 간다. 이때 혈액 속에 포도당이 넘치기 때문에 일시적으로 식후 혈당이 올라간다. 하지만 근육과 지방, 뇌, 내장 등에서 즉시 혈중 포도당을 흡수하기 때문에 잠시 후 혈당치가 다시 평상시로 돌아온다. 그런데 당질을 너무 많이 섭취하면 포도당을 다 흡수하지 못하기 때문에 혈중 포도당 농도가 내려가지 않는다. 식후 고혈당 상태가 되는 것이다.

식후 고혈당을 방치하면 또다시 혈당 조절 문제가 생기고 공복 시 고혈당을 거쳐 당뇨병이 된다. 당뇨병이 되기 이전에도 혈당이 내려갈 때 공복감(배고픔)을 느끼게 되기 때문에 음식 섭취가 증가하는데, 이는 비만, 고혈압, 이상지질혈증과 같은 생활 습관병으로도 이어진다. 이 상태가 반복되면 혈관에 여러 가지 스트레스를 주고 동맥경화증이나 심근경색, 뇌경색 등의 위험을 높인다. 병이 또 다른 병을 부르는 이와 같은 메타볼릭 도미노(metabolic domino) 현상은 바로 이 당질 과다에서 시작되는 것이다.[1,2]

뇌졸중이나 심부전, 암 등 심각한 병을 일으키기 전에 당질 과다와 식후 고혈당을 막아야 한다. 그것이 질병 예방의 첫걸음이다.

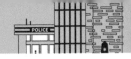

당질 과다 섭취가 온갖 질병을 부른다

당질 과다 섭취가 모든 생활 습관병의 근본적인 원인이라는 사실을 보여준 메타볼릭 도미노. 도미노처럼 연쇄반응을 일으켜 우리 몸의 한곳이 망가지면 다 같이 줄줄이 망가진다.

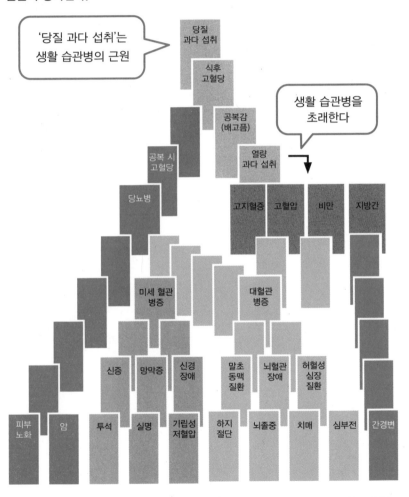

※이토 히로시. 일본 임상 2003, 61, 1837–1843에서 [JAMA Intern Med 2018, 178, 1090–1103]을 토대로 작성

03 당질을 섭취하지 않으면 어떻게 될까?

극단적인 당질 제한은 실패의 근원

당질의 과다 섭취도 문제지만, 그렇다고 당질을 섭취하지 않고 살 수는 없다. 나는 하루 당질 섭취량을 총 70~130g으로 정하고 하루 세끼에 각 20~40g, 간식으로 10g 섭취할 것을 권장한다. 이 양은 완만한 당질 조절을 목표로 하는 '당질 제한식'(40쪽 참조)의 적정 당질량이다.

하루에 섭취하는 당질 상한선인 130g은 2006년 미국당뇨병학회가 정한 당질 제한식 정의에도 부합한다.[3] 그 근거로 포도당을 주 에너지원으로 사용하는 적혈구와 뇌세포가 하루에 쓰는 포도당의 양을 들 수 있다. 달리 말하면 인슐린이 잘 분비되지 않아도 확실하게 처리할 수 있는 당질의 양이다.

이론적으로는, 우리 몸에 필요한 당질의 최소량은 제로다. 간에서도 포도당을 만들 수 있기 때문이다. 간의 본래 역할은 포도당을 방출하는 일이다. 우리 몸과 뇌가 24시간 포도당을 소비하는데도 수면 중에 저혈당이 되지 않는 것은 이와 같은 역할을 간에서 하기 때문이다. 신진대사로 혈액에 방출된 단백질(아미노산)이나 지질(글리세롤) 같은 영양소, 젖산 같은 당질의 대사산물 등을 필요에 따라 간이 포도당으로 바꾸어 몸의 각 기관에 보낸다. 이 기능을 '당신생'이라고 부른다. 그 양이 하루에 150g 정도[4]나 되기 때문에 음식으로 당질을 섭취하지 않아도 포도당이 필요한 혈액 속의 적혈구나 뇌세포에 충분히 보낼 수 있는 것이다.

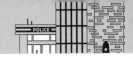

당신생의 구조

간은 당질 이외의 여러 물질(젖산이나 아미노산, 글리세롤 등)로 포도당을 만들어 낸다(당신생).

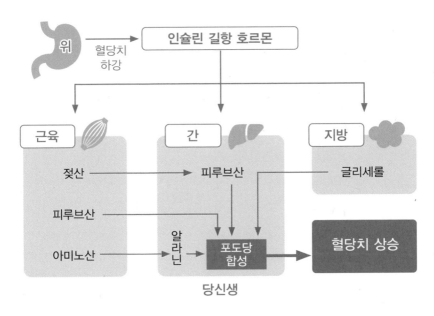

15

당질을 섭취하지 않아도 문제가 되지는 않는다

입을 통해 직접 당질을 섭취하지 않아도 된다. 간에서 적혈구와 뇌에 보급하는 포도당을 만들 수 있기 때문이다.

그런데 당뇨병 환자의 경우는 당신생의 양이 하루에 250g 정도로 증가한다. 수면 중인데도 혈당이 상승한다면 그것은 포도당을 새로 만들고 있기(당신생) 때문이다.

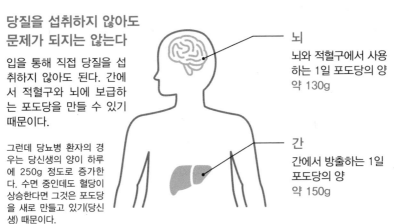

뇌
뇌와 적혈구에서 사용하는 1일 포도당의 양
약 130g

간
간에서 방출하는 1일 포도당의 양
약 150g

04 탄수화물을 먹어도 살이 찌지 않는 비법

주식을 줄이고 부식물을 늘린다!

다이어트를 하는데도 좀처럼 살이 빠지지 않는다면 식후 고혈당 상태가 지속될 정도로 많은 양의 당질을 섭취했기 때문일 가능성이 크다. 식후에 혈당이 올라가면 이를 낮추기 위해 췌장에서 **인슐린**(혈당을 낮춰주는 역할을 하는 호르몬)을 다량 분비한다. 그러면 혈액 속의 에너지원이 지방세포에 저장되는데, 이때 혈당이 급격하게 내려가면서 공복감(배고픔)을 느낀다. 요컨대 많은 양의 당질을 과도하게 섭취하면 혈당이 급격히 오르는 이른바 '혈당 스파이크'가 생기는데, 이때 혈당이 다시 떨어지면 공복감 때문에 다시 먹게 되는 것이다.

실컷 먹으면서 살을 빼려면 당질을 적게 먹는 대신 지방이나 단백질로 배를 채워야 한다. 이렇게 하면 식사량을 줄일 필요가 없다. 예컨대 밥을 절반으로 줄이고, 줄인 만큼 부식물을 늘리는 식으로 조절하는 것이다. 최근에는 편의점이나 슈퍼마켓에서 간편하게 구입할 수 있는 '저당질' 식품도 많으므로 이런 식품들로 대체하는 것도 하나의 방법이다.

다이어트를 위해 칼로리 섭취를 의식적으로 줄이면 가장 에너지(칼로리) 소모가 큰 근육부터 빠진다. 일시적으로 체중이 준다 해도 근육은 빠지고 과식으로 체지방만 꾸준히 늘어나면 아름다운 체형을 유지하기 힘들다. 그보다는 적당히 당질을 제한하면서 일단 내장 지방을 빼도록 하자.

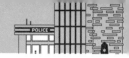

배부르게 실컷 먹어도 괜찮다

칼로리나 먹는 양을 줄이면 배고픔을 견디지 못하기 때문에 폭식으로 이어진다. 당질은 줄이고 지방과 단백질을 늘려 먹는 양을 줄이지 않고도 포만감을 얻을 수 있는 식사가 무엇보다 중요하다.

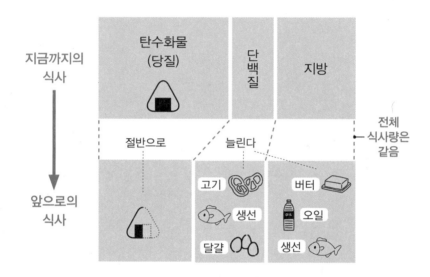

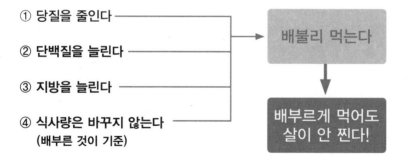

탄수화물을 먹어도 살이 찌지 않는 비밀

05 탄수화물은 어느 정도 섭취하는 게 적당할까?

당질을 적게 섭취하면서도 만족하려면?

당질 섭취를 제로로 하면 혈당 상승을 막을 수 있겠다고 생각하는 사람이 있을지도 모르겠다. 하지만 그렇게 한다고 해서 문제가 해결되지는 않는다. 오래 계속하기 어렵기 때문이다. 예를 들어 밥이나 우동, 라면, 파스타를 비롯해 과일이나 과자를 전혀 먹지 않는 생활을 상상해보라. 얼마나 괴롭고, 스트레스가 쌓이겠는가?

게다가 당질을 함유한 식품 대부분이 식이 섬유도 함유하고 있어 당질을 끊으면 동시에 식이 섬유 섭취량도 격감하게 된다. 맛있게 식사를 즐기면서 혈당을 낮출 수 있는 '당질 제한식'이 있다. 여유 있게 당질 제한을 할 수 있을 뿐 아니라 폭식도 하지 않게 된다.

당질 제한식의 경우, 한 끼에 섭취해도 되는 당질의 양은 20~40g이다. 이 양을 효율적으로 섭취하는 방법에는 세 가지가 있다. 첫 번째는 주식과 부식을 절반씩 섭취하는 방법이다. 당질 20g은 밥 50g과 맞먹으므로 주식도 부식도 적게 먹으면 된다. 두 번째는 주먹밥 1개, 혹은 식빵 1장(통 식빵 하나를 4장으로 자른 것)의 당질 함량이 40g이므로 주식으로 당질을 조금 더 섭취하고 부식을 제로에 가깝게 섭취하는 것이다. 세 번째는 주식을 전혀 먹지 않고 부식만으로 당질 20~40g을 섭취하는 방법이다.

이런 당질 제한식을 매일의 루틴으로 실행하는 등 무리 없이 계속할 수 있는 습관을 몸에 익히도록 하자.

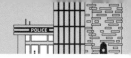

하루 한 끼의 당질 섭취량은?

하루 한 끼의 당질 섭취를 제로로 하기보다는 당질 섭취를 줄이는 일부터 시작해
보자. 한 끼에 당질을 20~40g 섭취하면 되므로, 자신의 식사 스타일에 맞춰 조
절해나가는 것이다.

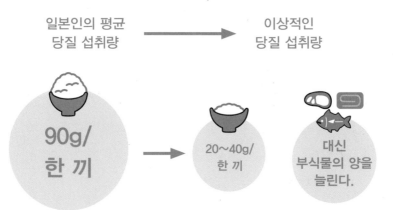

일본인의 평균
당질 섭취량

이상적인
당질 섭취량

90g/
한 끼

20~40g/
한 끼

대신
부식물의 양을
늘린다.

탄수화물은 당질과 식이 섬유를 합쳐서 일컫는 말이다. 당질과 식이 섬유의 양을 따져
서 먹기는 쉽지 않으므로 당질이 적고 식이 섬유는 많은 음식을 먹도록 하자. 식이 섬
유를 건강식품으로 섭취해도 음식으로 섭취한 만큼의 이점이 있는지는 아직 확인되지
않았다.

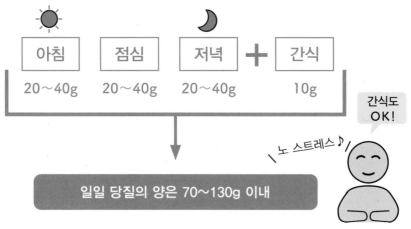

아침	점심	저녁	+	간식
20~40g	20~40g	20~40g		10g

간식도
OK!

노 스트레스 ♪

일일 당질의 양은 70~130g 이내

19

탄수화물은 어느 정도 섭취하는 게 적당할까?

06 탄수화물 끊기 다이어트가 어려운 이유

탄수화물을 참으면 폭식을 부른다!

한때 '탄수화물 끊기 다이어트'가 주목받은 적이 있었다. 탄수화물을 아예 섭취하지 않으면 당질은 제한할 수 있지만, 탄수화물 안에 들어있는 식이 섬유까지 섭취할 수 없게 된다. 3대 영양소라고 불리는 지방과 단백질은 혈당이 완만하게 상승하도록 돕는 역할을 하는데, 식이 섬유도 급격한 혈당 상승을 막아준다. 그런데 혈당치를 낮추기 위해 탄수화물을 섭취하지 않으면 식이 섬유도 섭취할 수 없으므로 역효과를 부를 수 있다.

게다가 18쪽에서도 언급했듯이 밥이나 우동, 파스타 등을 주식으로 해온 사람이 그 음식을 갑자기 끊기는 어렵다. **참을 수 없는 데다, 그 반동으로 폭식을 하게 될 우려도 있다.** 그러면 당연히 요요 현상으로 이어진다.

그러므로 밥이나 빵을 완전히 끊는 것이 아니라 절반으로 줄이는 게 좋다. 절반이라면 먹고 싶은 욕구도 채울 수 있고, 주식을 줄인 만큼 부식물을 충분히 먹을 수 있다. 그러면 포만감이 오래 지속되기 때문에 불필요한 간식도 먹을 필요가 없다. 당질이 40g인 주먹밥을 한 개 먹어 한 끼분의 당질을 섭취하는 것보다, 밥을 적게 먹고 돈가스를 1장 추가하는 편이 당질은 억제하고 만족감과 포만감을 얻을 수 있는 방법이다.

탄수화물 끊기 다이어트는 계속하기 어렵다

탄수화물을 아예 먹지 않으면 식이 섬유 섭취량도 제로가 된다. 그러므로 혈당을 올리는 당질만 줄이는 식단이 좋다.

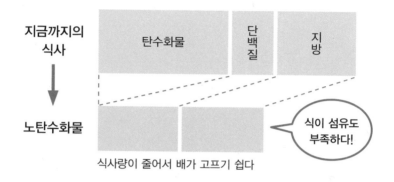

지금까지의 식사

탄수화물 단백질 지방

노탄수화물

식이 섬유도 부족하다!

식사량이 줄어서 배가 고프기 쉽다

칼로리 제한식은 폭식으로 이어지기 쉽다

다이어트를 한다면 영양 균형을 생각하면서 먹는 양을 줄이는 것이 최고의 방법이다. 먹는 양을 줄이면 단백질이나 지방도 줄어들기 마련이다. 한 끼를 과식했다면 다음 한 끼를 줄여 총 섭취 열량을 조절하는 식으로 음식을 섭취해나간다.

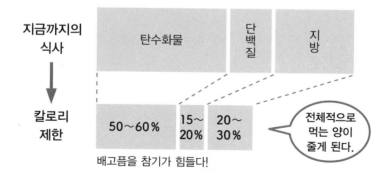

지금까지의 식사

탄수화물 단백질 지방

칼로리 제한

50~60% 15~20% 20~30%

전체적으로 먹는 양이 줄게 된다.

배고픔을 참기가 힘들다!

21

탄수화물 끊기 다이어트가 어려운 이유

07 탄수화물은 주식으로만 섭취하는 게 아니다

채소와 과일도 탄수화물이다

　'탄수화물'이라고 하면 밥이나 빵, 면류 등의 주식을 비롯해 감자나 고구마 같은 뿌리채소를 떠올리는 사람이 많을 것이다. 확실히 이런 식품에는 탄수화물이 많이 함유되어 있지만 사실 곤약이나 콩 등에도 탄수화물이 들어있다. 주목해야 할 것은 당질 함량이다. 예를 들어 밥 100g(밥 한 공기)에는 당질이 약 38g 들어있지만, 같은 양의 곤약에는 0.1g 들어있다.

　곤약처럼 당질 함량이 적은 식품을 매일 식단에 도입하면 당질 제한에 성공할 수 있다. 밥이나 빵 등 주식을 절반으로 줄인 만큼, 곤약이나 콩을 사용한 부식물을 넉넉하게 먹으면 당질의 양을 줄일 수 있고 포만감도 얻을 수 있다. 최근에는 곤약이나 콩비지를 면 모양으로 가공한 식품도 다수 시판되고 있으므로 주식을 이런 식품으로 대체하는 것도 하나의 방법일 것이다.

　채소류는 뿌리채소나 옥수수, 단호박 등 일부를 제외하면 대부분 당질이 적으므로 많이 먹어도 문제가 되지 않는다. 건강을 생각해서 아침에 과일을 먹는 사람이 많은데, 과일류는 모두 당질 함량이 많다. 바나나 1개의 당질은 약 20g이나 된다. 이 양은 한 끼분 당질 양의 절반에 해당하므로 과일을 좋아하는 사람은 먹는 양에 신경을 써야 할 것이다.

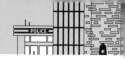

당질 함량이 많은 식품과 당질 함량이 적은 식품

탄수화물을 아래 표와 같이 분류해보았다. 당질 함량이 많은 식품과 당질 함량이 적은 식품으로 나누었으므로 식사할 때 참고해 보자.

	당질 함량이 많은 식품	당질 함량이 적은 식품
곡류	쌀(밥, 떡 등), 밀(빵류, 면류, 밀가루, 만두피, 피자 반죽 등)	–
뿌리채소	고구마, 감자, 참마, 당면, 칡, 곤약	곤약
콩류	팥, 강낭콩, 완두콩, 누에콩, 병아리콩, 렌틸콩	대두, 대두 제품(두부, 낫토, 유부, 유바(두부껍질) 등), 풋콩
채소류	자고(쇠귀나물), 단호박, 옥수수, 연근, 백합근	큰 산파, 오크라, 순무, 콜리플라워, 양배추, 오이, 우엉, 소송채, 차조기, 고비, 무, 죽순, 양파, 청경채, 고추, 토마토, 가지, 여주, 부추, 당근, 파, 배추, 바질, 파프리카, 피망, 브로콜리, 시금치, 숙주, 양상추 등
과일류	딸기, 귤, 사과, 말린 과일	아보카도, 올리브, 코코넛
버섯류	–	모두 OK
해조류	–	모두 OK
어패류	–	모두 OK
육류	–	모두 OK
달걀류	–	모두 OK
유제품	연유, 가당 요구르트	왼쪽에 표기된 것 이외에는 OK
유지류	–	모두 OK

23

되도록이면 적게 먹는다

배불리 먹어도 된다

탄수화물(당질) 함량을 알고 먹자

다이어트 중이라면 어떤 음식을 선택해야 할까?

식품을 구입할 때나 외식 메뉴를 고를 때, 어떤 음식을 선택하는 게 좋은 지 퀴즈 형식으로 소개한다.

Q.1

 밥

VS

 볶음밥

Q.2

 크루아상

VS

 식빵

Q.3

 토로로 소바

VS

 카르보나라

Q.4

 곤약면

VS

 당면 국수

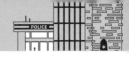

A.1

볶음밥

혈당 상승을 억제하기 위해서는 지방과 단백질을 섭취해야 한다. 달걀을 풀어 기름에 볶은 볶음밥이라면 지방과 단백질을 동시에 섭취할 수 있으므로 혈당 상승을 막을 수 있다.

A.2

크루아상

식빵 1장에는 당질이 약 27g 들어있다. 크루아상 1개에는 당질이 약 14g 들어있는데, 구울 때 버터를 사용하므로 지방도 섭취할 수 있고, 햄이나 치즈를 끼워 먹으면 단백질도 섭취할 수 있다.

A.3

....

카르보나라

파스타와 소바 모두 당질이 높지만 카르보나라의 재료는 베이컨, 달걀, 생크림 등 모두 저당질이고 지방이 많이 함유되어 있다. 토로로 소바는 생마를 곁들이기 때문에 더욱 고당질이다.

A.4

....

곤약면

당면은 건강에 좋은 음식 같지만, 녹두나 감자, 고구마 전분으로 만들기 때문에 성분 대부분이 당질이다. 반면 곤약은 주성분이 식이 섬유이므로 혈당이 오를 걱정이 없다.

탄수화물(당질) 함량을 알고 먹자

다이어트 중이라면 어떤 음식을 선택해야 할까?

식품을 구입할 때나 외식 메뉴를 고를 때, 어떤 음식을 선택하는 게 좋은지 퀴즈 형식으로 소개한다.

Q.5

설로인(등심)
스테이크

VS

데미글라스 소스
햄버그

Q.6

생선 조림

VS

생선회

Q.7

포테이토
샐러드

VS

에그 샐러드

Q.8

주먹밥

VS

가라아게

※ 가라아게: 양념한 닭고기나 생선 등의 재료에 튀김 반죽을 사용하지 않고 전분을 얇게 입혀서 튀겨낸 요리

A.5

설로인(등심) 스테이크

스테이크는 당질이 적고 단백질 함량이 많아 아주 유용한 다이어트 식품이다. 햄버그는 데미글라스 소스를 폰즈 소스(일본식 디핑 소스) 등으로 대체하면 당질을 줄일 수 있다.

A.6

생선회

일식에는 당질 함량이 높은 메뉴가 많지만, 그중에서도 미림이나 설탕으로 맛을 낸 생선 조림은 당질이 특히 높다. 생선회는 저당질이지만, 간장을 너무 많이 찍어 먹으면 염분 과다로 고혈압을 부를 수 있다.

A.7

에그 샐러드

단백질과 마요네즈의 지방을 함께 섭취할 수 있는 에그 샐러드는 식이섬유가 풍부한 채소를 추가하면 우수한 저당질 메뉴가 된다. 감자가 메인인 포테이토 샐러드에는 당질이 많이 함유되어 있다.

A.8

가라아게

주먹밥 1개의 당질 함량은 약 40g이지만, 가라아게는 5개에 약 10g밖에 되지 않는다. 가라아게만 배불리 먹어도 되고, 밥 반 공기(당질 약 20g)와 함께 가라아게를 먹어도 당질 제한식의 범위 내가 된다.

'숨은 당질을 찾아라' 페이지(48~51쪽)도 확인해 보자.

당질(탄수화물) 함량을 알고 먹자

08 식후 15분 산책만 해도 살이 빠진다

힘든 운동을 할 필요는 없다!

운동을 해서 근육으로 가는 혈류가 증가하면, 포도당이 세포 속으로 빠르게 흡수되고 인슐린의 효과가 높아져 혈당치가 떨어진다. 그렇지만 헬스장에 다니며 본격적인 트레이닝을 할 필요도, 운동을 시작해야 한다며 조급해할 필요도 없다. 운동 습관을 들이는 것보다 매일 먹는 음식을 재점검하는 것이 더 시작하기 쉽고, 효과도 좋기 때문이다.

운동은 식습관을 개선하고 나서 식사 후 15분 산책하는 것부터 시작해보자. 외식하고 돌아오는 길에 15분 산책하는 것도 좋다.

무슨 운동을 얼마나 하면 좋은지 고민할 필요가 없다. 무슨 운동을 해도 좋고, 언제 해도 좋고, 다치지 않는 한 하면 할수록 좋다는 생각으로 접근하자.

운동은 잠깐이라도 매일 꾸준히 하는 것이 중요하다. 운동을 일주일에 한두 번밖에 하지 않는 사람이라도 운동을 전혀 하지 않는 사람보다는 사망 위험이 낮다는 입증 자료가 있다. 운동은 심장병이나 암으로 인한 사망률도 낮춰준다. 처음에는 일주일에 한 번이라도 하다가 익숙해진 후에 조금씩 횟수를 늘려나가도록 하자. 이상적이지 않아도 오래 계속하겠다는 마음이 중요하다. 산책 같은 유산소운동만으로도 충분하지만 근력 운동을 병행하면 효과는 더 좋다.

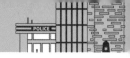

식이요법이야말로 가장 안전하고 효과적인 체중 감량법

한 연구 기관에서 당질 제한식을 실천한 200명을 대상으로 1년간 체중과 혈당(HbA1c) 변화를 추적 조사했다. 그 결과, 마른 사람은 체중이 늘고 비만한 사람은 체중이 줄었으며, 양쪽 다 혈당이 개선된 것으로 나타났다.

구분	BMI	인원수
저체중	18.5 미만	9
보통 체중	18.5 이상 25 미만	73
경도비만	25 이상 30 미만	74
중증도비만	30 이상 35 미만	29
고도비만	35 이상	9

체중 증감률(%)

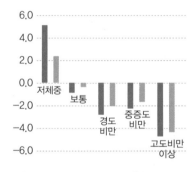

HbA1c의 증감률(%)

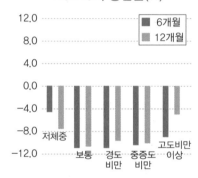

※ [keio Jmed 2017, 66, 33-43]을 바탕으로 작성

운동은 1주일에 한 번만 해도 된다

운동은 우리 몸의 근육을 강화하고 건강한 뼈를 유지하는 데 매우 중요한 역할을 한다. 심장과 폐 기능을 강화하는 데도 운동이 좋은 것은 사실이다. 하지만 운동 습관이 잡히지 않았거나 운동을 싫어하는 사람이라면 갑자기 강도 높은 운동을 하기보다 산책이나 체조 등 가벼운 것부터 시작하는 것이 좋다. 운동을 매일 할 필요도 없다.

글루텐 프리가 뭐지?

먹는 즐거움을 반감시킬 뿐 아니라
사실 위험할 수도 있다

테니스 황제 노박 조코비치 선수는 '글루텐 프리(gluten free)'를 실천해 주목을 받았다. 글루텐은 밀이나 보리 등에 함유된 단백질의 일종인데, 글루텐을 섭취하면 '글루텐 불내증'이라고 불리는 알레르기 증상을 일으키는 사람이 있다. 그러한 사람들을 위해 고안된 것이 '글루텐 프리'라는 식사법이다.

글루텐 프리는 쌀을 잘 먹지 않는 서양인들이 빵이나 튀김옷 등에 함유된 밀가루를 피하는 식사법인데, 이는 결과적으로 당질 제한으로 이어진다. 다만 글루텐 불내증이 없는 사람은 글루텐 프리를 실천해도 아무런 이점이 없다.*

글루텐 프리를 실천하려고 하면 보통 밀가루 음식보다는 쌀로 만든 음식을 권하는 경향이 있다. 밀가루 음식을 피하더라도 쌀로 만든 음식을 많이 먹으면 고혈당을 초래할 수 있다. 게다가 빵이나 튀김을 전혀 입에 대지 않으면 먹는 즐거움도 반감된다. 유행하는 음식이나 다이어트 방법에 현혹되지 않고 건강을 지키기 위해서는 당질 제한식을 확실히 실천해야 할 것이다.

* BMJ 2017; 357: j1892

제 **2** 장

· · ·

살찌지 않게 탄수화물 섭취하는 비법

탄수화물을 섭취하면서도

적정 체중과 체격을 유지할 수가 있다.

중요한 것은 혈당치이다.

혈당이 올라가지 않게 탄수화물을

현명하게 섭취하는 방법을 소개한다.

01 일본인 6명 중 1명은 혈당 조절이 잘 안된다?

혈당치는 우리 모두가 신경 써야 할 수치이다

지방과 단백질, 식이 섬유는 혈당을 올리지 않는다. 오히려 이 영양소가 식후 고혈당을 억제하는 작용을 한다. 혈당치를 상승시키는 것은 기본적으로 당질이다. '혈당치'란 혈액 속을 흐르는 포도당의 농도를 말한다. 밥이나 빵 등에 함유된 당질이 체내에 들어가면 소화효소 작용을 통해 포도당으로 분해되어 혈액 속으로 흘러들어간다. 그 때문에 일시적으로 혈당이 올라가지만 혈액 속의 포도당이 증가하게 되면 췌장에서 인슐린이 분비된다. 인슐린의 작용에 따라 혈액 속의 포도당은 근육과 지방 등 몸의 각 세포에 흡수되어 에너지로 이용된다. 그 결과, 식사 후에 시간이 조금 지나면 혈당치가 공복 시의 수치로 돌아온다.

그런데 몸의 각 세포에 흡수되지 않은 포도당이 혈액 속에 많이 남아있으면 식후 고혈당이 계속된다. 혈당치를 안정시키기 위해서는 섭취하는 당질의 양을 조절해야 한다. 자신은 특별히 혈당이 높지 않으니 괜찮다는 방심은 금물이다. 일본에는 혈당 조절이 잘 안되는 사람이 2000만 명 정도 되는데, 이 숫자는 일본인 6명 중 1명에 해당한다(공복 시 혈당으로 검토). 식후 고혈당을 포함해 검토한 중국인 데이터에서는 성인 2명 중 1명이 혈당 조절에 문제가 있었다. 일본인도 이와 비슷한 결과가 나오지 않을까 생각한다.

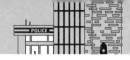

당질이 체내에 흡수되는 구조

음식물을 통해 체내에 들어온 당질은 포도당으로 분해·흡수되어 혈액 속으로 흘러들어 간다. 그리고 각 조직으로 보내진다.

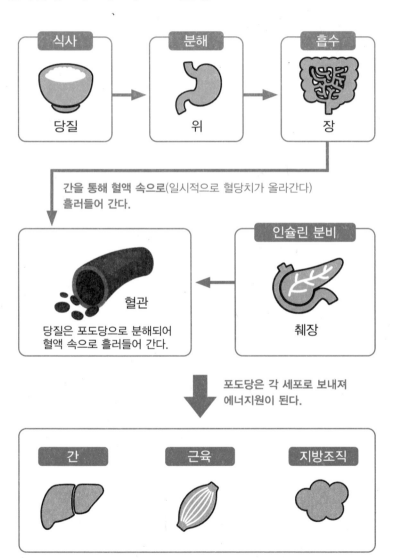

02 건강검진으로는 알 수 없는 식후 고혈당에 주의한다

건강검진 결과를 과신하지 말아야 한다

정기 건강검진 결과에서 혈당이 정상으로 나왔어도 안심해서는 안 된다. 일반적인 건강검진에서 측정하는 것은 공복 혈당 수치이다. 경우에 따라서는 적혈구 안에 있는 포도당과의 결합 비율을 보는 '헤모글로빈 A1c(HbA1c)*도 측정한다. 그런데 혈당 조절이 잘 안되면 일단 식후 고혈당으로 나타난다.

비록 식후 혈당이 올라가더라도 3시간 정도 지나면 정상 혈당으로 돌아오기 때문에 공복 혈당만 측정하는 일반 건강검진에서는 혈당 조절이 안된다는 사실을 발견하기가 어렵다. 당화혈색소(HbA1c)에 이상이 있을 때도 마찬가지이다. 앞서 언급한 중국인을 대상으로 한 연구에서 식후 혈당치까지 조사했더니, 성인 2명 중 1명꼴로 혈당 조절에 문제가 있는 것으로 나타났다.[1]

또 하나는 혈당 조절이 잘 안될 때 식후에 혈당이 급격히 올라가는 반동으로 혈당이 급격히 떨어지는 이른바 '혈당 스파이크' 현상이 일어난다는 점이다. 이 같은 혈당치의 급등락(혈당 스파이크)은 결국 혈관을 손상시켜 동맥경화증을 유발할 뿐 아니라[2~4] 치매의 위험도 증가시킨다.[5]

식후 고혈당은 혈당 측정기를 구입해 집에서 측정할 수도 있고 측정실이 있는 약국에서도 측정할 수 있다. 어디서 측정하든 식후 1~2시간 지나서 측정해야 한다.

※ 과거 2~3개월간의 평균 혈당치를 반영하는 지표

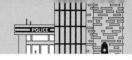

식후 혈당치란?

아래 그래프는 식후 2시간이 지나고 나서 측정한 혈당치를 나타낸 것이다. 혈당은 단숨에 올라갔다가 단숨에 내려간다. 그게 바로 식후 혈당치이다.

■ 혈당 스파이크
　증상을 보이는 사람
■ 건강한 사람

혈당 스파이크 증상을 보이는 사람은 혈당이 떨어지지 않고 140mg/dL 이상 높은 수치가 계속된다. 건강한 사람은 식후 1시간 후든 2시간 후든 혈당이 140mg/dL 이상은 되지 않는다. 급격한 인슐린 분비에 대한 반동으로 혈당이 급격하게 떨어지면(저혈당까지는 되지 않아도), 초조함·나른함·졸음 등의 증상을 보이기도 하고 강렬한 공복감(배고픔)에 휩싸이기도 한다.

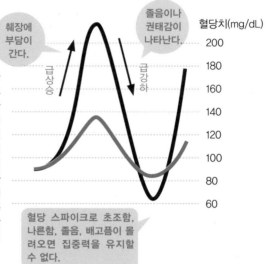

췌장에 부담이 간다.

졸음이나 권태감이 나타난다.

혈당치(mg/dL)

200
180
160
140
120
100
80
60

급상승
급강하

혈당 스파이크로 초조함, 나른함, 졸음, 배고픔이 몰려오면 집중력을 유지할 수 없다.

혈당치를 올리는 영양소는 당질뿐이다!

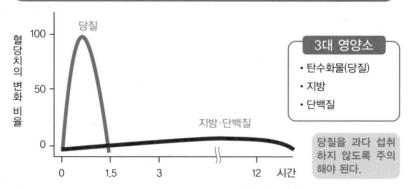

혈당치의 변화 비율

100
50
0

당질

지방·단백질

0　　1.5　　3　　　　12　시간

3대 영양소

• 탄수화물(당질)
• 지방
• 단백질

당질을 과다 섭취하지 않도록 주의해야 된다.

※ [Life With Diabetes: American Diabetes Assoiation, 2004]을 토대로 작성

건강검진으로도 알 수 없는 식후 고혈당에 주의한다

03 식후에 졸린 이유

혈당 스파이크가 생명을 위협한다?

한번에 많은 양의 당질을 섭취하면 '혈당 스파이크'가 일어나기 쉽고, 이 증상이 반복되다 보면 동맥경화가 진행되면서 심근경색이나 뇌경색으로 이어질 수 있다. 당질 제한식은 하루 당질 섭취량 130g을 3회 이상으로 나누어 섭취하도록 권한다. 혈당 스파이크를 막기 위해서다.

일반적으로 공복 혈당의 정상치는 70~100mg/dL이고, 식후 혈당의 정상치는 70~140mg/dL인데, 나의 경우 당질 제한식을 시작하기 전에는 식후 혈당이 급격하게 상승하곤 했다. 일반 도시락을 먹은 후 혈당치를 측정하면 200mg/dL가 넘은 적도 있었지만, 건강검진에서는 혈당치가 문제가 된 적은 없었다. 식후 고혈당이 위험한 이유는 바로 이 점 때문이다.

혈당 스파이크도 식후 고혈당처럼 모르고 지나칠 수 있지만, 사실 몇 가지 증상이 나타날 수 있다. 가장 알기 쉬운 게 점심 식사 후이다. 오후 2~3시쯤에 졸음이 오거나 몸이 나른해지거나 공복감에 휩싸이는 일이 자주 있다면 식후 혈당이 급속도로 치솟았다가 급격히 내려가는 혈당 스파이크 증상일 수 있다.

반면 혈당이 지나치게 낮은 것도 문제다. 대체로 혈당이 70mg/dL 이하로 떨어지게 되면 손이 떨리거나 심장이 두근거리거나 기분이 나빠지는 등의 증상이 나타난다. 이럴 때는 재빨리 당질(포도당 5~10g 정도)을 입에 넣어 저혈당 상태를 막아야 한다.

식사 후 이런 증상이 있다면?

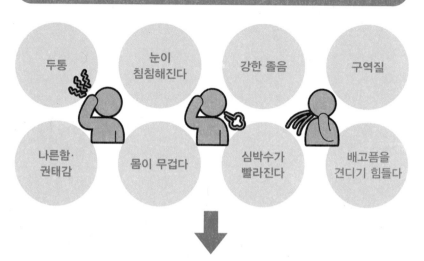

| 두통 | 눈이 침침해진다 | 강한 졸음 | 구역질 |
| 나른함·권태감 | 몸이 무겁다 | 심박수가 빨라진다 | 배고픔을 견디기 힘들다 |

혈당 스파이크 증상인지도 모른다!

늘어나는 당뇨병

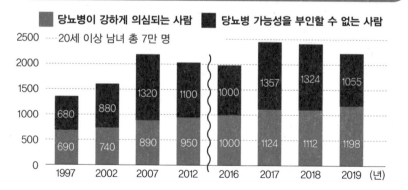

■ 당뇨병이 강하게 의심되는 사람   ■ 당뇨병 가능성을 부인할 수 없는 사람

20세 이상 남녀 총 7만 명

년	당뇨병 가능성을 부인할 수 없는 사람	당뇨병이 강하게 의심되는 사람
1997	680	690
2002	880	740
2007	1320	890
2012	1100	950
2016	1000	1000
2017	1357	1124
2018	1324	1112
2019	1055	1198

일본인의 경우, 혈당 조절이 잘 안되는 사람이 2000만 명을 넘어서 6명 중 1명인데, 40세 이상자로 보면 3~4명 중 1명꼴이다. 식후 고혈당 증상을 보이는 사람은 이보다 더 많을 것이다.

※후생노동성 '국민건강·영양조사'를 바탕으로 작성

04 혈당치를 올리지 않는 식사법

섭취량을 지키면 단것을 먹어도 된다

당질을 전혀 섭취하지 않는다면 혈당 상승을 막을 수 있다. 이론적으로는 그렇지만 당질을 전혀 섭취하지 않는 식생활을 지속하기는 어렵다. 먹고 싶은 걸 참다가 폭식으로 이어질 수도 있다. 살을 빼기 위해서는 단것을 참아야 한다는 게 다이어트 상식이지만 그럴 필요는 없다.

간식은 하루에 10g 이내라면 당질(단것)을 섭취해도 아무런 문제가 되지 않는다. 단것을 먹고 싶다면 인공감미료를 사용한 음식을 먹어도 된다. 당질을 끊으려고 탄수화물을 지나치게 적게 섭취해도 몸에 다양한 문제가 생길 수 있다. 그중에서도 많이 발생하는 게 변비로, 탄수화물을 적게 섭취하여 식이 섬유가 부족하면 변비가 생길 수 있다. 당질을 제한하기 위해 탄수화물을 제한할 때는 버섯이나 해조류처럼 당질이 적고 식이 섬유가 풍부한 식품을 충분히 섭취하면 변비를 예방할 수 있다.

미국에서 건강한 사람을 대상으로 칼로리 제한 실험을 했는데, 의지력이 강한 사람 중에서도 탈락자가 속출했다. 게다가 자신이 섭취하던 칼로리의 75%로 제한하도록 지도를 했는데도, 그룹 전체의 평균 칼로리 섭취는 88%였다.[6] 제아무리 의지가 강한 사람이라도 자기 억제적인 제한은 계속하기 어렵다는 것을 보여준 예라 할 수 있다.

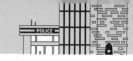

혈당치를 올리지 않는 식사법이란?

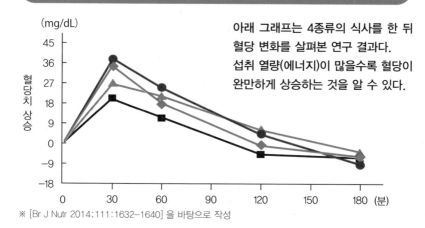

아래 그래프는 4종류의 식사를 한 뒤 혈당 변화를 살펴본 연구 결과다. 섭취 열량(에너지)이 많을수록 혈당이 완만하게 상승하는 것을 알 수 있다.

(mg/dL)

혈당치 상승

45
36
27
18
9
0
−9
−18

0 30 60 90 120 150 180 (분)

※ [Br J Nutr 2014;111:1632−1640] 을 바탕으로 작성

판정 예	메뉴	열량
●	① 주식만 (백미 200g)	총열량 338kcal
◆	② 주식·주가 되는 부식물 (백미 + 두부·삶은 달걀)	총열량 486kcal
▲	③ 주식·주가 되는 부식물·기름(油脂) (백미 + 두부·삶은 달걀과 마요네즈)	총열량 573kcal
■	④ 주식·주가 되는 부식물·기름(油脂)·채소 (백미 + 두부·삶은 달걀과 마요네즈 + 시금치와 브로콜리)	총열량 604kcal

먹고 싶으면 참지 않는 것이 중요

백미 끊기   면류 끊기   야식· 간식 끊기

디저트 끊기   과일 끊기   배고픔을 참는다

참는 것은 스트레스의 근원!
참다가 더 많이 먹을 수가 있다.

혈당치를 올리지 않는 식사법

05 배불리 먹어도 살이 빠지는 최강의 식사법

누구나 실천 가능하고 효과도 크다!

건강에 대한 관심이 높아지면서 당질을 줄인 '로카보' 식품이 인기를 끌고 있다. 로카보란 '저당질'이라는 뜻을 가진 영어 '로 카보하이드레이트'(a low-carbohydrate)의 약자로, 좀 더 완화된 당질 제한을 의미한다. 당질 제한식 로카보에서는 하루에 섭취하는 당질 양의 하한선을 70g으로 정하고 있다. 하한선을 정함으로써 극단적인 저당질을 추구하지 않도록 하기 위해서다. 먹을 수 있는 음식의 폭도 넓어지면서 먹고 싶은 걸 참을 필요도 없어 폭식을 막을 수 있다. 게다가 성인이라면 연령이나 체형·성별에 관계없이 누구나 동일 조건에서, 확실하게 효과를 낼 수 있는 것도 당질 제한식 로카보의 장점이다.

운동선수들을 고당질 식사를 하는 그룹과 저당질 식사를 하는 그룹으로 나누고 체력 측정을 했더니, 고당질식 그룹은 당질 소모에서 지방 소모로 서서히 에너지원이 바뀌어갔으나 저당질식 그룹은 처음부터 쭉 지방을 소모하여 안정을 유지했다는 연구 결과가 나왔다.[7] 운동부에서 활약하는 어린이의 경우, 배부르게 먹는 것을 전제로 당질 제한을 하는 것이 좋다. 임신 중인 여성 역시 당질 제한을 염두에 두는 것이 좋다.

인슐린 분비가 고갈되어 발병하는 1형 당뇨병 아동을 대상으로 당질 제한을 하게 했더니 혈당치가 개선되었다는(고혈당도, 저혈당도 줄일 수 있음) 보고도 2017년에 있었다.[8] 앞으로도 당질 제한식의 가능성은 점점 확산되지 않을까 생각한다.

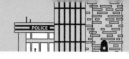

배불리 먹으면서 살을 빼는 식사법

지금까지의 상식

밥을 먹어서는 안 된다

달콤한 디저트는 절대 먹으면 안 된다

야식이나 간식을 먹어서는 안 된다

생각을 바꿀 필요가 있다.

새로운 상식

밥은 절반만 먹고 고기의 양을 늘린다

저당질 디저트를 고른다

배부르게 먹는다

당질 제한식은 누구에게나 권장한다

어린이

임부

운동선수

고령자

어린이	임부	운동선수	고령자
비만이나 생활 습관병이 있는 어린이, 운동을 하는 어린이에게 특히 효과가 있다.	임신 중에 영양부족이 되거나 고혈당(임신 당뇨병)이 되는 것을 막을 수 있다.	지방을 에너지원으로 사용하여 운동 효율을 높이므로 근육이 빠지지 않는다.	인지 기능 저하를 예방하는 데 도움이 되고 골절을 예방하는 데도 좋다.

06 칼로리를 계산할 필요가 없다!

위험 부담이 큰 칼로리 제한

　　　　　당질 제한식은 배부를 때까지 먹어도 된다고 하면 칼로리 초과를 걱정하는 사람이 있을 것이다. 당뇨병 치료를 위한 식이요법이나 비만 해소를 위한 식이 지도를 할 때 칼로리 제한식을 권장하기도 하므로 걱정이 될 수는 있다. 일반적으로 당뇨병 환자에게 칼로리 제한을 권장하는 이유는 비만을 개선하기 위해서다.

　그런데 일본인 당뇨병 환자의 절반 이상은 비만이 아니므로 일반적인 가이드라인에 따라 칼로리를 제한할 필요가 없다.[9] 비만을 해소할 수만 있다면 그보다 더 좋은 것은 없겠지만, 칼로리 제한과 운동요법으로 심장병 예방을 도모한 임상 시험에서는 심장병 발병률을 억제할 수 없었다.[10] 게다가 칼로리를 제한한 결과, 오히려 골밀도 감소를 불러와 골절 위험이 높아졌다.[11, 12]

　또한 칼로리 제한식은 섭취한 칼로리를 계산하기가 복잡한 데다 계산값이 실제 섭취 칼로리와는 무관한 수치가 나올 수가 있다.[13] 자신의 감각에 의지하여 '배(위)의 80%만 차도록 먹으라고 하는데, 이렇게 먹으면 괴로울 뿐 제대로 된 제한은 할 수 없어 결국은 좌절하게 된다. 반면 당질을 적게 먹는 대신 지방과 단백질을 충분히 섭취하면 여러 소화관 호르몬의 분비가 늘어나 포만 중추를 자극한다.[14] 뿐만 아니라 배고픔을 느끼게 하는 호르몬 '그렐린'의 분비를 오래 억제할 수도 있다.[15, 16]

칼로리를 제한하면 건강을 해칠까?

칼로리를 제한한 그룹과 칼로리를 제한하지 않은 그룹을 비교 연구한 결과가 있는데, 심장병 발생률에는 유의미한 차이가 없는 것으로 나타났다(그림 1). 하지만 칼로리를 제한한 그룹은 골밀도가 감소해 골절 위험이 높아졌다(그림 2). 따라서 칼로리 제한으로 건강을 증진하기는 상당히 어렵다는 것을 알 수 있다.

그림1 칼로리 제한 유무와 심장병 발생률

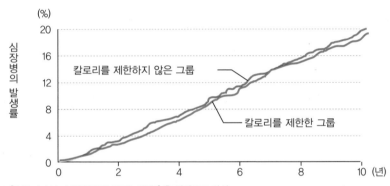

※ [N Engl J Med. 2013,368,1279–1290] 을 바탕으로 작성

그림2 칼로리 제한과 골밀도 감소

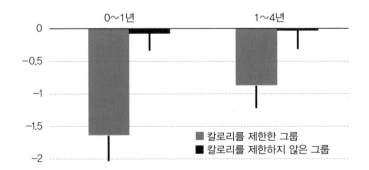

※ [Lipkin EW et al, Diabetes Care 2014, 37, 2822–2829]을 바탕으로 작성

07 영양 밸런스는 신경 써도 의미가 없다!

영양소 권장 비율에 얽매일 필요가 없다!

흔히 '건강한 식습관을 유지하기 위해서는 영양 균형이 중요하다'고들 말한다. 후생노동성의 '식사섭취기준'(2020년)에는 3대 영양소의 비율이 '단백질 13~20%, 지방 20~30%, 탄수화물 50~65%'가 되어야 좋은 것처럼 명시되어 있다. 이렇게 숫자를 설정한 이유(근거는 아님)는 다음과 같다.

단백질은 체내에서 합성할 수 없는 필수아미노산을 음식으로 섭취해야 한다는 이유에서 섭취 목표량의 하한선을 13%로 정했다. 단백질 상한선은 35%여도 문제가 없었다고 하는 논문을 참고했고, 20% 이상에 대해서는 향후 검토 과제로 삼아야 한다는 논문을 참고해 정했다.

지방은 반드시 섭취해야 하는 필수지방산이 있어 하한선을 20%로 정했고, 상한선은 포화지방산 섭취를 일본인의 중앙값 7%*를 상한선으로 하기 위해 30%로 정했다. 하지만 포화지방산의 상한선을 일본인의 중앙값으로 정한 특별한 이유는 없다.

탄수화물의 50~65%는 100%에서 단백질과 지방을 뺀 숫자이다. 탄수화물 섭취량을 50~65%로 정한 것은 당뇨병 환자 외에는 탄수화물(당질) 과다 섭취로 몸에 문제가 생기는 사람은 없다는 이유에서다. 영양소 섭취를 퍼센트로 생각하자면 모든 섭취 열량을 파악해야 하는데, 그것은 불가능하므로 퍼센트(상대 비율)가 아닌 그램(절대 중량)으로 생각해야 한다. 그리고 적절한 당질의 양을 지키며 좋아하는 것을 맛있게 먹으면 된다. 이것이 무엇보다 중요하다.

※ 100명 중 50명째(중앙)에 위치하는 값. 일정한 조건에서는 평균값과 일치한다.

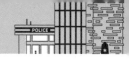

3대 영양소의 균형을 신경 쓸 필요는 없다

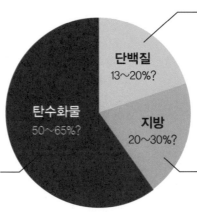

단백질
13~20%?

탄수화물
50~65%?

지방
20~30%?

단백질 상한선을 20%로 할 만한 근거가 없다. 그리고 단백질이 35%가 되어도 상관없다는 논문도 있다.

탄수화물 50~65%는 100%에서 단백질과 지방을 뺀 숫자이다. 당질을 충분히 섭취해도 되는 경우는, 혈당치가 오르지 않는 사람에 한한다.

포화지방산을 7% 이하로 낮추기 위해 지방 상한선을 30%로 정했지만 명확한 근거가 없다.

45

3대 영양소뿐 아니라 5대 영양소도 중요하다

비타민

비타민은 다른 영양소의 기능을 지원하는 역할을 하는데, 체내에서 거의 만들어지지 않으므로 음식으로 섭취해야 한다.

많이 함유한 식품

수용성비타민 (고기, 생선, 채소, 과일, 간, 콩류, 달걀 등)
지용성비타민 (장어, 간, 녹황색 채소, 대두, 해초 등)

미네랄

몸 상태를 유지하는 데 필요한 미네랄은 뼈와 치아를 만들고 심장과 근육의 기능을 조절한다. 미네랄도 음식으로 섭취해야 한다.

많이 함유한 식품

아연 (굴, 돼지 간, 쇠고기, 달걀, 캐슈넛, 유부)
철 (간, 살코기 생선이나 고기, 시금치, 콩류, 해조류)
칼슘 (우유, 유제품, 참깨, 아몬드, 작은 생선)
칼륨 (채소, 과일, 뿌리채소, 콩류)
인 (달걀노른자, 어류)

영양뿐만 아니라 신경 써도 의미가 없다!

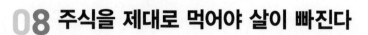

08 주식을 제대로 먹어야 살이 빠진다

밥을 마지막에 먹어 과식을 막자

당질 제한식의 한 끼 당질 섭취량의 기준은 40g 이내이다. 반찬이나 조미료에도 당질이 함유되어 있으므로 그만큼을 뺀다면 주식으로 섭취할 수 있는 당질은 20g 정도가 된다. 예를 들어, 밥 반 공기 정도가 20g이다. 이 양을 지킨다면 반찬은 기본적으로 뭘 먹어도 괜찮다. 고기든 채소든 원하는 것을 마음껏 먹어도 된다. 밥은 볶음밥이나 달걀덮밥 쪽이 혈당 피크를 낮게 억제할 수 있다. 채소를 곁들여 식이 섬유를 섭취하면 혈당치는 별로 올라가지 않는다. 당질(밥)과 지방·단백질(식용유나 달걀)을 동시에 섭취하면 식후 혈당 상승을 충분히 억제하지 못하는 경우도 있다. 이럴 때는 밥 등 주식을 마지막에 먹는 것이 좋다. 그러면 부식물로 어느 정도 포만감을 얻을 수 있어 주식을 적게 먹게 되고, 지방과 단백질의 힘이 충분히 발휘돼서 같은 양을 먹어도 혈당 상승을 억제할 수 있다.

지금까지 밥을 실컷 먹던 사람이 갑자기 밥을 절반으로 줄이기는 쉽지 않다. 그러므로 수북하게 담던 밥을 보통으로 담는다든가, 2공기를 1공기로 줄이는 등 할 수 있는 것부터 시작하자. 그렇게만 해도 변화가 나타날 것이다. 어떻게 하면 반찬을 맛있게 많이 먹을 수 있을지, 주식 없이도 배가 부를 수 있을지, 고민해 보는 재미가 있을 것이다.

주식은 따져보고 먹는다

6장짜리는 (6장 들이) 당질 함량은 27g

밥 1/3공기

(약 50g)

【당질 20g】

주먹밥 1/2개

(약 50g)

【당질 20g】

식빵 1장(8장으로 자른 것)

(약 45g)

【당질 22g】

면류 절반

(100g)

【우동 당질 21g】
【메밀국수 당질 27g】
【중화면 당질 28g】
【파스타 당질 31g】

둥근 찹쌀떡 1개

(약 35g)

【당질 20g】

크루아상

(약 33g)

【당질 14g】

이렇게 먹어보자

밥의 부피를 늘리는 아이디어

죽을 만들면 분량이 늘어나서 많이 먹을 수 있다. 또 밥에 한천이나 곤약을 넣고 지으면 동시에 식이 섬유도 섭취할 수 있다.

빵의 부피를 늘리는 아이디어

식빵 테두리를 잘라내면 무게가 줄어드는 만큼 매수를 늘릴 수 있다. 테두리를 모두 잘라내면 식빵 1장(통 식빵 하나를 8장으로 자른 것)의 당질 양은 15g이므로 2장을 먹어도 당질의 양은 30g밖에 되지 않는다.

콘플레이크

(약 40g)

【당질 36g】

주식을 제대로 먹어야 살이 빠진다

의외의 함정!

숨은 당질을 찾아라

주식을 적게 섭취하는 등 먹는 방법을 달리하는데도 혈당치나 체중이 줄지 않는다면 이 페이지를 확인해보자. 숨은 고당질을 못보고 놓치고 있을지도 모른다.

① 자루 소바

숨은 당질!

메밀가루가 녹아있는 국물에는 당질이 많다. 게다가 메밀국수 육수(소바쯔유)까지 다 마시면 염분 과다가 될 수 있다.

↓

국물은 마시지 않는다

이것도 주의!

- 토로로 소바(참마를 넣어 당질은 두 배다)
- 앙카케 우동(갈분 소스를 얹은 가락국수, 걸쭉하게 만든 전분은 위험)

② 치킨 너겟

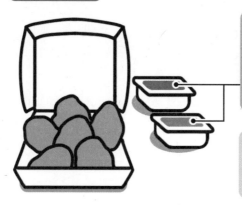

숨은 당질!

● 소스

치킨 너겟 자체의 당질은 적지만 문제는 소스이다. 달콤한 소스는 58g의 탄수화물을 함유하고 있다.

포인트

- 아무것도 끼얹거나 찍지 않고 그대로 먹는다.
- 타르타르소스를 찍어 먹는다.

③ 오코노미야키

- 마요네즈는 OK
- 오일을 뿌려 감칠맛
  을 낸다.

숨은 당질!

● 소스
과일의 단맛 등을 더해 걸쭉
하게 만든 소스에는 당질이
많이 들어있다. 음식점에서
만든 오리지널 소스는 더욱
당질 함량이 높을 수 있다.

49

④ 돈가스

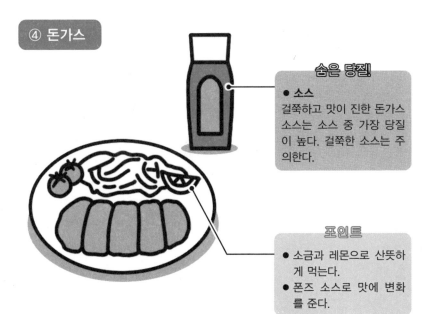

숨은 당질!

● 소스
걸쭉하고 맛이 진한 돈가스
소스는 소스 중 가장 당질
이 높다. 걸쭉한 소스는 주
의한다.

포인트

- 소금과 레몬으로 산뜻하
  게 먹는다.
- 폰즈 소스로 맛에 변화
  를 준다.

쉽게 질리지 않게 탄수화물을 섭취하는 비법

⑤ 초밥

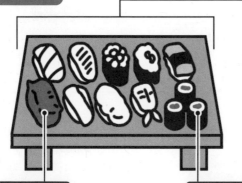

숨은 당질!
● **초밥 식초**
식초는 몸에 좋다고 생각하기 쉽지만, 초밥 식초에는 설탕이나 미림 등이 들어있기 때문에 당질이 많다.

포인트
생선, 달걀은 당질이 적다.
초밥 밥 크기는 조금 작게 만든다.

이것도 주의!
● 유부에 설탕과 미림을 넣어 달게 조리고, 초밥 식초를 넣어 마무리한 식초밥으로 속을 채운 유부초밥은 고당질이다.

이것도 주의!
● 박고지는 간장, 설탕, 미림 등으로 달콤하게 맛을 내기 때문에 고당질이다.

⑥ 야채 샐러드드레싱

포인트
● 마요네즈로 당질을 줄이고 지방을 섭취한다.
● 올리브유를 듬뿍 뿌린다.

숨은 당질!
● **논오일 드레싱**
오일을 줄인 만큼 맛을 느낄 수 있도록 당질을 늘린 상품이 많다. 드레싱은 지방이 듬뿍 들어있는 것을 선택하자.

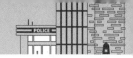

⑦ 수프

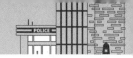

숨은 당질!

● **콘**
옥수수가 원료인 콘수프는 고당질이다.

● **감자**
뿌리채소는 채소 중에는 주의해야 할 식재료이다. 차가운 국물은 마시기 좋아 고형의 경우보다 많이 섭취할 위험이 있다.

포인트

● 푹 끓여 만드는 스튜(포토푀)는 채소와 고기를 충분히 섭취할 수 있다.
● 고기의 비계 등 지방도 섭취할 수 있는 돈지루(돼지고기를 넣은 된장국)를 먹는다. 뿌리채소의 건더기는 피한다.

⑧ 음료

숨은 당질!

● **스포츠 음료**
스포츠 음료 500ml에 함유된 당질이 20~30g으로 상당히 많다. 운동할 때는 물로 수분을 보충하는 것이 좋다.

● **마시는 과일 식초**
혈당 상승을 초래하기 쉬운 과당뿐 아니라 마시기 좋게 꿀 등을 넣은 과일 식초도 있다.

● **우유류**
오트 밀크, 라이스 밀크
오트 밀크는 귀리가, 라이스밀크는 쌀이 원료이므로 둘 다 당질이 많고 단백질 함량은 적다.

포인트

● 아몬드 밀크는 비타민 E와 식이 섬유 등 영양이 풍부하고 당질이 적다.
● 두유의 단백질과 식이 섬유가 당질 상승을 억제하는 작용을 한다.

의외의 함정! 숨은 당질을 찾아라

09 1일 1식보다 1일 5식이 살이 안 찐다?

식사를 거르면 오히려 비만의 원인이 된다

아침 식사를 거르거나 체중 감량을 위해 식사 횟수를 줄이는 사람이 있으나, 당질 제한식에서는 1일 3식이 기본이다. 1일 당질 권장 섭취량 130g을 한 끼에 다 먹으면 식후 고혈당 상태로 이어져 효과가 격감하기 때문이다.

언제부턴가 건강이나 체중 감량을 위해 며칠 동안 식사를 거르는 '단식'과 식사 횟수를 줄이는 '쁘띠 단식'이 인기를 끌고 있으나, 이 방법도 권하고 싶지 않다. 단식은 공복 시간이 길어지면 세포의 신진대사가 활발해진다는 '오토파지 이론'[17]에 근거를 두고 있지만, 입증되지 않은 방법이다.[18] 게다가 단식으로 체중을 감량하면 지방뿐 아니라 근육과 뼈도 같이 줄어드는데, 살이 빠졌다가 다시 찌는 요요현상이 나타날 때는 지방만 원래 상태로 돌아온다.

또한 당뇨병이 있는 사람은 아침 식사를 걸러서는 안 된다. 아침 식사를 하지 않으면 점심이나 저녁 식사 후 혈당이 오르기 쉽기 때문이다. 가장 혈당이 오르기 쉬운 시간대가 아침이므로 아침 식사에는 당질을 20g 정도로 제한하고, 지방과 단백질을 충분히 섭취하는 게 좋다.

당질 제한식에서는 오히려 식사 횟수를 늘리는 것을 추천한다. 1일 당질 섭취량 130g을 네 끼, 다섯 끼로 나눠서 섭취하면 한 끼 당질의 양은 40g보다 적지만 혈당을 안정시키는 데는 큰 도움이 된다.

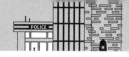

식사를 거르는 다이어트는 오히려 살이 찐다?

실험 참가자를 하루에 섭취하는 식사량에 따라 세 그룹으로 나누고 혈당치가 어떻게 변화하는지 조사했다. 이 중 가장 안정적인 변화를 보인 그룹은 하루 세 끼를 먹은 경우였다. 열량은 아침에 400kcal, 점심에 800kcal, 저녁에 1000kcal였다.

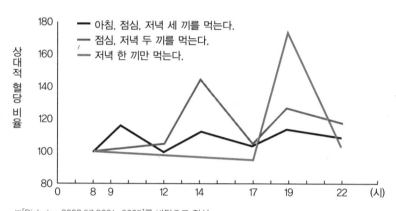

세로축: 상대적 혈당 비율

범례:
— 아침, 점심, 저녁 세 끼를 먹는다.
— 점심, 저녁 두 끼를 먹는다.
— 저녁 한 끼만 먹는다.

가로축: 0 8 9 12 14 17 19 22 (시)

※[Diabetes 2008,57,2661-2665]를 바탕으로 작성

당질을 제한한다면 야식을 먹어도 OK!

열량 제한	→	당질 제한
• 한 끼를 거르면 다음 식사에서 그만큼을 보충한다. • 야식은 먹으면 안 된다.		• 하루 세끼 먹는 것이 좋다. • 야식을 먹어도 된다.

아, 배고파!

아, 배불러!

10 '어떻게 먹을 것인가'를 생각하자

음식의 조합을 생각하며 즐겁게 당질을 줄이자

당질을 제한해야 한다고 하면, 먹고 싶은 걸 참아야 한다고 생각하기 쉽다. 아마 '제한'이라는 말이 그렇게 느끼게 만드는 것 같다. 하지만 '당질 제한식'이라고 해서 먹고 싶은 음식을 참아야 할 필요는 없다.

먹고 싶은 음식을 못 먹는 식이요법이 아니라서 지금까지 먹던 음식을 크게 바꿀 필요도 없다. 이런 점도 당질을 제한하는 데 성공하는 요인 중 하나이다. 밥이나 빵 등 주식의 양을 줄인 만큼 좋아하는 부식을 이전보다 더 많이 먹어도 괜찮다(먹어야 한다). 좋아하는 음식을 많이 먹기 위한 음식의 조합을 생각하는 것부터 시작해보자.

예를 들어, 점심으로 가라아게(밑간한 닭고기나 생선 등의 재료에 튀김 반죽을 사용하지 않고 전분을 얇게 입혀서 튀겨낸 요리) 정식을 선택했다면, 밥의 양을 반으로 줄이고, 그만큼 가라아게를 2개, 3개 추가하거나 두부나 채소 반찬을 추가로 주문해보자. 이렇게 하면 비록 밥의 양을 줄이더라도 만족감을 얻을 수 있을 것이다.

가라아게 수를 늘리면 그만큼 칼로리가 높아지지 않을까 걱정할 필요는 없다. 오히려 지방이나 단백질로 혈당 상승을 막고 포만감으로 칼로리 섭취를 관리하면 그 이후의 공복감을 막을 수 있다. 혈당을 올리는 것은 오로지 당질뿐이고, 단백질이나 지방, 식이 섬유는 모두 식후 고혈당을 억제해주기 때문이다. 부식을 많이 먹어야 혈당이 완만하게 상승한다는 사실을 기억하자.

제2장

54

살찌지 않게 탄수화물을 섭취하는 비법

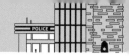

'당질 제한 = NO 탄수화물'이 아니다

당질을 제한하기 위해서는 밥과 빵, 면류의 양을 줄이고 그만큼 부식을 늘리면 된다. 이렇게 하면 탄수화물을 적게 섭취하고도 포만감을 얻을 수 있다.

스테이크 → 스테이크 두부 / 부식을 추가

밥 된장국 밥을 절반 된장국 풋콩

55

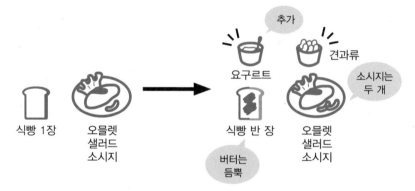

추가 / 요구르트 / 견과류 / 소시지는 두 개

식빵 1장 오믈렛 샐러드 소시지 → 식빵 반 장 오믈렛 샐러드 소시지

버터는 듬뿍

성공 포인트는 지금까지의 식사 메뉴를 크게 바꾸지 않는 것!

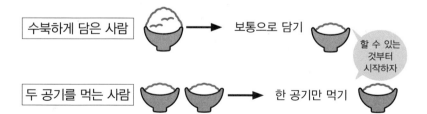

| 수북하게 담은 사람 | → | 보통으로 담기 |

할 수 있는 것부터 시작하자

| 두 공기를 먹는 사람 | → | 한 공기만 먹기 |

11 탄수화물에 함유된 식이 섬유가 다이어트의 핵심

채소 반찬이 당질 제한을 돕는다

　　　부식(반찬)을 늘릴 때는 두부나 채소 반찬을 하나씩 추가하는 게 좋다. 채소에는 비타민이나 미네랄 같은 영양소가 풍부하게 함유되어 있고, '제6의 영양소'로 불리는 식이 섬유도 들어있어 이러한 영양소를 한꺼번에 섭취할 수 있다.

　식이 섬유를 섭취하면 장내에 존재하는 장내 세균의 작용으로 단쇄지방산이라고 하는 일종의 지방으로 변하는데, 이것이 혈당 상승을 억제하는 역할을 한다. 이 사실은 2014년 프랑스 연구진들이 밝혀냈다.[19] 식사 후 혈액 속의 포도당은 몸의 각 세포에 흡수되는데, 이때 식이 섬유가 지방세포 쪽에만 뚜껑을 덮어 근육에 먼저 흡수되게 하는 역할을 한다는 연구 보고도 있다.[20]

　식이 섬유는 이렇게 당질을 제한하는 데 중요한 역할을 한다. 그런데 탄수화물을 제한하여 주식이나 뿌리채소 등의 섭취량이 줄어들면 식이 섬유 섭취량도 부족해질 수 있다. 후생노동성의 '일본인 식사 섭취 기준'에 따르면 성인 남성의 식이 섬유 섭취량 목표는 1일 20g이다. 이 양을 채소나 버섯, 해조류로 환산하면 약 400g이 된다. 생채소 샐러드 1인분의 양이 약 100g밖에 되지 않으므로 세끼 식사할 때마다 100g 이상의 채소를 섭취하도록 신경 써야 할 것이다. 57페이지의 표를 참고하여 당질을 줄이면서 충분한 식이 섬유를 섭취하는 식사법을 생각해보자.

NO 탄수화물은 식이 섬유 부족을 부를 수 있다

아래 그래프에서 보는 바와 같이 일본인은 식이 섬유 섭취량이 부족한 것으로 밝혀졌다.

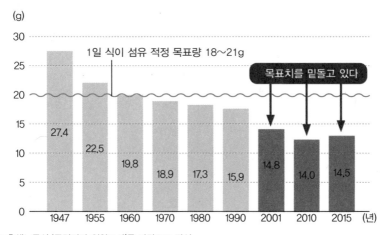

(g)

1일 식이 섬유 적정 목표량 18~21g

목표치를 밑돌고 있다

27.4 / 22.5 / 19.8 / 18.9 / 17.3 / 15.9 / 14.8 / 14.0 / 14.5

1947 1955 1960 1970 1980 1990 2001 2010 2015 (년)

※후생노동성 '국민건강·영양조사'를 바탕으로 작성

57

탄수화물에 함유된 식이 섬유가 다이어트의 핵심

당질이 적은 채소를 적극적으로 섭취한다!

 당질 많음 ━━━━━━━━━━━━━▶ 당질 적음

 단호박 1/8개
【당질 21g】

연근 1토막
【당질 28g】

 양파 1개
【당질 14g】

 당근 1개
【당질 12g】

 빨간 파프리카 1개
【당질 6g】

 양배추 100g
【당질 3.5g】

 시금치 1단
【당질 0.8g】

 콩나물 100g
【당질 0.6g】

 한 입 정도 OK
조금만 먹는다

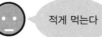 적게 먹는다

 많이 먹어도
된다!

12 버섯과 해초는 식이 섬유가 가장 많이 함유된 식재료

적극적으로 섭취해야 할 버섯과 해조류

식이 섬유를 효율적으로 섭취하기 위해서는 채소와 버섯류, 해조류 등을 적극적으로 먹는 게 좋다. 감자, 고구마 같은 뿌리채소를 제외한다 해도 일부 채소에도 당질이 함유되어 있다. 하지만 버섯과 해조류에는 당질이 거의 함유되어 있지 않으므로 마음껏 먹어도 된다. 버섯 100g에 함유된 당질의 양은 약 1~3g으로 적은 반면 **식이 섬유와 미네랄, 비타민 등은 풍부하게 함유되어 있다.** 버섯은 그냥 볶기만 해도 맛있고 전골이나 샤부샤부에 넣어도 맛있는데 배가 부를 때까지 실컷 먹어도 된다.

해조류는 버섯보다 더 당질이 적어 거의 0g에 가깝다. 해조류를 건조하면 당질의 양이 조금 늘어나긴 하지만, 그래도 100g에 함유된 당질 양은 2g도 안 된다. 해조류 중에서 가장 당질이 많은 구운 김도 100g에 당질은 2g 정도에 불과하다. 하지만 조미김은 미림 등 당질을 함유한 조미료를 넣는 경우가 많으므로 주의하는 게 좋다.

식이 섬유에는 물에 잘 녹는 '수용성 식이 섬유'와 물에 잘 녹지 않는 '불용성 식이 섬유' 2종류가 있다. **수용성 식이 섬유는 식후 혈당치의 상승을 완만하게 하는 동시에 콜레스테롤의 흡수를 억제하는 고마운 존재다.** 다시마나 미역, 미역귀 등의 미끈거리는 점액 성분은 '후코이단'이라고 불리는 수용성 식이 섬유의 일종으로 변의 배설을 원활하게 하고 장내 환경 개선에도 힘을 발휘하는 것으로 알려져 있다.

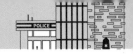

식이 섬유의 주된 역할

다이어트 중에 변비에 걸리는 사람은 식이 섬유 부족일 수 있다.

지방이나 당류, 나트륨을 체외로 배출

비만, 이상지질혈증, 고혈압, 당뇨병 등을 예방·개선할 수 있다.

변비 개선 정장 작용

식이 섬유의 일종인 올리고당이 장내 유익균과 비피더스균을 늘린다.

혈당치의 급격한 상승 억제

식이 섬유는 혈중 콜레스테롤 수치를 낮추고, 식후 당 흡수를 억제하는 역할을 한다.

버섯과 해초는 식이 섬유가 가장 많이 함유된 식재료

식이 섬유가 풍부한 버섯과 해초는 충분히 섭취한다

새송이버섯 1팩 당질 3g
팽이버섯 1팩 당질 1g
만가닥버섯 1팩 당질 1g
표고버섯 1팩 당질 0.6g

미역, 미역귀, 큰실말 당질 0g
다시마 당질 0g
구운 김 당질 1.9g
한천, 톳(건조) 당질 0.1~0.4g

〈100g당 수치〉

저당질, 원활한 배변을 돕는 강력한 지원군!

13 단백질이 건강 장수의 결정적 요인

단백질은 우리 몸을 구성하는 중요한 영양소다!

당질 제한식은 당질을 적게 먹는 대신 단백질을 많이 섭취해야 한다. 사실 2000년대부터 일본인의 단백질 섭취량이 급격히 감소하여 지금은 1950년대와 같은 수준으로 떨어졌다.[21]

균형 잡힌 영양 섭취를 권장할 때만 해도 단백질을 너무 많이 섭취하면 신장이 망가진다는 얘기가 있었다. 하지만 2013년과 2019년 발표된 미국당뇨병학회 가이드라인에는 단백질 섭취량과 신장 기능에는 인과관계가 없다고 명시되어 있다.[22, 23, 24]

단백질은 근육, 피부, 머리카락, 손톱 등 우리 몸을 이루는 주요 성분일 뿐 아니라 호르몬과 효소, 항체 등 다양한 생체 활성 물질의 생성에도 관여한다. 한마디로 단백질은 우리 몸을 만드는 중요한 재료인 셈이다.

일반적으로 성인의 하루 단백질 섭취 권장량은 체중 1kg당 1.2g 이상이다. 체중이 60kg이라면 하루에 72g 이상, 가능하면 90g(체중 1kg당 1.5g)은 섭취하는 것이 좋다. 단백질이 많이 함유된 육류, 어패류, 달걀, 대두 제품, 유제품 등을 다양하게 즐기며 당질을 제한하자. 단백질은 근육의 재료가 되는 영양소이므로 근력이 저하된 고령자일수록 적극적으로 섭취하는 것이 좋다. 우선 한 끼 20g 이상을 기준으로 섭취하도록 하자.[25]

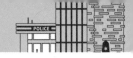

현대인의 단백질 섭취량은
70년 전과 똑같다?

후생노동성의 조사에 따르면, 일본인의 단백질 섭취량은 2000년경부터 급격하게 감소해 1950년대와 거의 같은 수준으로 떨어졌다. 과거 빈곤할 때에는 과잉 신고, 포식의 현대에는 신고 누락의 가능성이 있기는 하다.

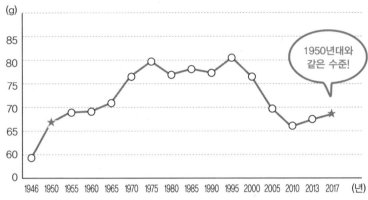

1950년대와 같은 수준!

※후생노동성 '국민건강·영양조사'를 바탕으로 작성

단백질이 건강 장수의 결정적 요인

단백질의 주요 작용

매끈한 피부와 머리카락, 손톱을 만든다.

내장과 혈액을 만든다.

근육을 만든다.

뼈와 이를 만든다.

코와 입의 점막을 만든다.

호르몬을 만든다.

14 '지방(기름)=해롭다'는 오해가 병을 부른다

콜레스테롤 수치는 지방과 무관하다

지방(기름)을 많이 섭취하면 몸에 해롭다고 여기던 시절이 있었다. 섭취한 지방을 혈관에서 몸에 흡수하지 못하면 고지혈증이 되고, 혈관에 달라붙으면 동맥경화증이 되며, 몸에 흡수되면 비만이 된다고 생각했기 때문이다.

하지만 지방을 적게 먹으면 동맥경화와 인과관계가 깊은 LDL 콜레스테롤이 감소하느냐 하면 꼭 그렇지도 않다. **콜레스테롤 섭취를 제한하면 음식을 통해 몸에 들어온 콜레스테롤보다 더 많은 양을 간에서 합성하기 때문이다.** 미국 심장학회는 '지방 섭취가 늘어날수록 혈중 중성지방 수치가 저하한다'는 사실을 뒷받침할 만한 과학적 근거를 내놓았다.[26] 이에 따라 미국은 2015년 음식의 콜레스테롤 기준과 지방 기준을 섭취 기준에서 삭제했다.[27]

동물성 지방이나 식물성 지방은 섭취해도 아무런 문제가 없다. 하지만 **트랜스 지방산과 과산화지질이라 불리는 오래된 기름만은 피해야 한다.** 액체 기름을 인공적으로 고형화할 때 생기는 트랜스 지방산은 심장병 발병과 밀접한 관련이 있다고 하여, 미국에서는 2018년부터 식품에 첨가하는 것을 금지하고 있다. 기름은 오래되어 산화하면 유해한 물질이 발생한다. **오래된 기름을 사용하여 조리한 것 외에도 튀긴 지 오래된 튀김은 먹지 않도록 주의하자.**

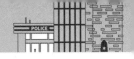

지방을 많이 먹으면 고지혈증이 될 수 있다?

한 연구 기관에서 건강한 사람과 당뇨병 환자를 대상으로 지방을 섭취하면 혈중 중성지방이 어떻게 변화하는지 조사했다. 그 결과, 지방을 많이 섭취할수록 혈중 중성지방이 감소되는 것으로 나왔다.

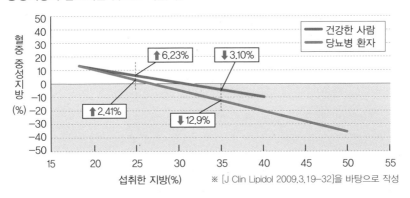

※ [J Clin Lipidol 2009,3,19–32]을 바탕으로 작성

지방 섭취는 뇌졸중을 예방한다?

포화지방산과 심근경색·뇌졸중 발병률을 비교한 조사에서 아래와 같은 결과가 나왔다. 일본인의 심장병은 포화지방산과의 관련성은 불분명했으나 포화지방산 섭취량이 늘어나면 뇌졸중 위험은 낮아지는 것으로 나타났다.

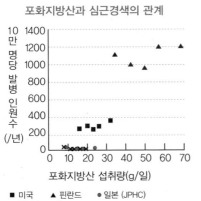

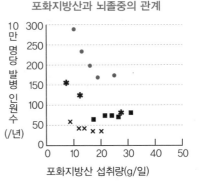

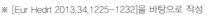

※ [Eur Hedrt 2013,34,1225–1232]을 바탕으로 작성

'지방이 몸에 해롭다'는 오해가 병을 부른다

15 고기와 생선, 버터와 기름은 충분히 먹자

고기 비계 역시 먹어도 된다!

예전에는 포화지방산을 많이 함유한 고기와 버터 등 동물성 지방의 과다 섭취는 동맥경화 위험을 높이고, 심근경색이나 뇌졸중 등 혈관 질환이 생길 가능성을 높인다고 여겼다. 하지만 2015년 미국에서는 식사 섭취 기준을 개정하면서 '먹는 기름을 제한할 필요가 없다. 왜냐하면 기름을 적게 섭취해도 심장병을 예방하거나 비만을 막을 수 없기 때문이다'라고 명시했다.[28]

또한 일본인의 포화지방산 섭취와 뇌졸중과의 관련성을 봐도 고기나 버터 같은 동물성 지방을 맘껏 먹어도 괜찮다는 것을 알 수 있다. 생선 기름 역시 많이 먹어도 된다. 오메가3(DHA와 EPA)를 연구한 조사에서 오메가3를 충분히 섭취한 그룹은 적게 섭취한 그룹보다 생존율이 높았다는 연구 결과도 있다.[29]

육류와 어패류의 주요 영양소는 단백질과 지방이다. 단백질은 우리 몸을 구성하는 필수영양소이고, 지방은 당질 이상으로 유용한 에너지원인 동시에 세포막과 호르몬을 생성하는 재료이다. 다이어트 중에는 고기 비계를 피하기 쉽지만, 지방의 이런 역할을 생각한다면 오히려 적극적으로 섭취해야 할 것이다.

다만 소시지나 베이컨, 어묵 같은 고기나 생선 가공품 중에는 당질이나 염분 함유량이 많은 것이 있으므로 먹을 때는 영양 성분 표시를 확인하는 것이 좋다.

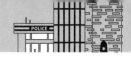

육류·어패류는 많이 먹어도 된다

고기와 생선은 단백질의 중요한 공급원이다.

예) 쇠고기(각 부위) 100g 【당질 0~0.6g】
돼지고기(각 부위) 100g 【당질 0~0.3g】
닭고기(각 부위) 100g 【당질 0~0.1g】

예) 전갱이 100g 【당질 0.1g】
가다랑어 100g 【당질 0.1g】
문어 100g 【당질 0.1g】

예) 바지락 100g 【당질 0.4g】
대합 1개 【당질 0.3g】
바지락 10개당 【당질 0.2g】

이것만은 주의!

가공품에는 당질을 첨가한 것도 있다.

 로스햄 1장
【당질 0.3g】

 어묵(가마보코) 한 조각
【당질 1.3g】

 어묵 1개
【당질 14g】

 치킨 너겟 1개
【당질 3g】

지방도 양질의 것을 먹는다

오일

올리브유,
참기름,
유채씨유
【당질 0g】

생선

EPA(에이코사펜
타엔산)와 DHA
(도코사헥사엔산)
가 풍부하게 함유
되어 있다.

버터

가염 버터 100g
【당질 0.6g】

달걀은 영양 만점

- -

달걀은 영양소가 듬뿍 들어
있는 추천 식재료이다.

달걀 1개 (M사이즈 약 60g)
[당질 0.2g]

삶은 달걀에
마요네즈를 뿌리면 지방도
같이 섭취할 수 있다!

이것만은 주의!

•쇼트닝
•인스턴트식품
(건강에 해로운
트랜스 지방산이 많은 것)

고기와 생선, 버터와 기름은 충분히 먹자

16 저당질 식사의 효과는 첫 끼부터 나타난다!

생활 습관을 바꾸지 않고도 체중 감량에 성공할 수 있다

당질을 제한하면 식사할 때마다 식후 고혈당이 개선되어 간다. 즉 당질 제한을 시작한 첫 끼부터 효과가 나타난다. 계속하면 3개월 후에는 식사 전부터 높았던 공복 시 혈당치가 떨어지고, 하루 내내 혈당치가 안정될 것이다. 개선율은 약 80%이다. 실제로 피험자를 칼로리 제한식과 당질 제한식 두 그룹으로 나누어 식사 지도를 한 결과, 당질 제한식 그룹은 혈당이 개선되었을 뿐 아니라 중성지방도 개선되었다.

당질 제한을 시작하면 2, 3일 만에 체중이 줄기도 한다. 그때까지 당질과 함께 섭취했던 염분 섭취량이 감소하면서 몸에 쌓여있던 여분의 수분도 줄어들기 때문이다. 여분의 수분은 몸에 좋지 않으므로 당질 제한이 체지방 감소와 함께 '금상첨화' 효과를 가져왔다고 할 수 있다. 당질을 제한하면 당 대신 지방을 에너지로 소비하기 때문에 살이 빠지는 것이다.

당질 제한식을 시작한 지 3개월 만에 공복 혈당이 278mg/dL에서 157mg/dL로 떨어진 40대 당뇨병 환자(남성)의 사례도 있다. 이 남성은 생활 습관을 전혀 바꾸지 않고 당질을 지방과 단백질, 식이 섬유로 대체했을 뿐인데도 몸이 상쾌해졌다고 한다. 무리가 가지 않는 식사법을 실천해 건강을 얻은 좋은 예라고 할 수 있다.

체중이 줄고 수치도 개선!

당질 제한식을 실천한 결과, 혈당치와 헤모글로빈 수치에 효과가 나타나고, 체중도 줄어 다이어트에 성공했다.

	공복 혈당치 (mg/dL)	HbA1c(%)	체중(kg)
52세 여성 (7월~12월)	286 → 109	12.2 → 6.9	87.5 → 82.3
61세 여성 (3월~9월)	170 → 118	7.1 → 6.2	58.4 → 55.0
62세 남성 (6월~12월)	135 → 125	7.0 → 6.5	97.0 → 89.6
73세 남성 (1월~7월)	183 → 112	8.0 → 6.2	60.0 → 59.5

당질 제한식의 효과는 6가지

① 비만 해소와 예방

영양부족에 빠지거나 배고픔을 참지 못하고 폭식하는 일 없이 건강하게 체중을 감량할 수 있다.

② 대사증후군 졸업

대사증후군인 사람은 건강한 사람보다 뇌졸중이나 심장병 등의 질병에 걸릴 위험이 약 30배나 높다고 한다.

③ 젊음 유지

여분의 당질은 단백질과 결합해 '노화 물질'이라는 최종당산화물(AGEs), 이른바 당독소를 만든다.

④ 암 예방

고혈당이나 혈당치의 큰 변동은 몸의 산화를 촉진한다. 이것이 발암의 원인이 되기도 한다.

⑤ 치매 예방

혈당이 급격하게 변하면 혈관의 내피세포가 손상을 입는데, 이는 뇌세포 사멸로 이어질 수 있다.

⑥ 집중력 향상

낮이나 식후 졸음이 사라지고, 수면의 질도 향상된다. 초조하지 않게 되고, 일의 능률도 올라간다.

저당질 식사의 효과는 첫 끼부터 나타난다!

아침~밤 사이에 살이 빠지는 식사 메뉴 예

당질 제한식이 좋다는 것은 알지만, 막상 실천하려고 하면 어렵게 느껴질 것이다. 여기서는 그대로 따라 하기만 하면 되는 메뉴를 소개한다.

일이 바쁜 회사원 **A씨** (30대 여성)	음식 만들기를 별로 좋아하지 않아서 외식을 많이 한다. 불규칙한 식습관 때문에 피부 트러블이 자주 생긴다.

 아침 삶은 달걀과 무가당 요거트

삶은 달걀에 마요네즈를 올리고, 무가당 요거트에 견과류와 올리브유를 넣어 먹는다.

점심 속을 가득 채운 샌드위치

편의점의 햄샌드위치나 달걀샌드위치의 당질 함량은 약 30g이다. 샐러드나 가라아게(닭튀김) 등을 추가하면 좋다.

 간식 판 초콜릿 1/3장

판 초콜릿 1/3장과 볶음 믹스넛. 견과류는 많이 먹어도 괜찮다.

 저녁 간단한 메뉴로 편안하게 먹기

파스타 면의 양을 줄이는 대신 채소를 듬뿍 넣고 카르보나라 소스를 뿌려 먹는다. 고등어캔, 정어리캔 등 저당질 통조림을 활용해도 좋다.

| 탄수화물을 아주 좋아하는 **B씨** (30대 남성) | 저녁에는 회사 동료나 친구와 술을 마시는 날이 많은데, 마무리는 늘 라면으로 한다. 밥이나 면 등의 탄수화물을 아주 좋아한다. |

아침 달걀과 소시지

아침 식사로 지방과 단백질을 섭취해두면 낮과 밤에 혈당이 상승하는 것을 막을 수 있다. 빵은 한 장만 먹고 포만감을 얻기 위해 소시지를 많이 먹는다.

69

점심 주식을 줄이고, 부식을 두 배로 먹기

밥이나 면 등 주식을 반으로 줄이고, 그만큼 샐러드나 부식을 하나 더 추가한다. 주식을 먹지 않고 고기류 반찬을 두 배로 먹으면 푸짐하고 포만감도 만점이다.

저녁 3일에 한 번은 집에서 술 마시기

술을 마실 때는 고기 안주를 주문하고 라면은 일주일에 한 번만 먹는다. 3일에 한 번은 치즈나 채소를 안주로 집에서 술을 마시자. 마요네즈 딥을 찍어 먹으면 만족감도 얻을 수 있다.

야식 견과류와 치즈

출출하면 식이 섬유가 풍부한 저당질 견과류를 먹는다. 견과류에는 지방이 많은데, 지방은 혈당 상승을 억제하는 역할을 한다. 술은 와인 1잔 정도만 마신다.

정어리통조림

아침~밤 사이에 살이 빠지는 식사 메뉴 예

17 어떤 음식을 먹느냐도 중요하지만 먹는 순서도 중요하다

탄수화물은 마지막에 먹어야 한다

채소를 가장 먼저 먹는 '베지터블 퍼스트'가 건강한 식사법으로 알려져 있다.[30] 하지만 당질 제한식에서는 당질이 많은 주식이나 디저트를 마지막에 먹는 '카보하이드레이트(탄수화물) 라스트'를 추천한다. 밥을 먹고 나서 고기를 먹는 것보다는 먼저 생선이나 고기를 먹은 뒤에 밥을 먹어야 혈당치가 올라가지 않는다는 연구 결과가 있다.[31]

밥을 나중에 먹어야 혈당이 완만하게 상승하는 이유가 있다. 지방(기름)이나 단백질을 먼저 섭취하면 인슐린 분비를 촉진하는 '인크레틴' 호르몬의 역할이 활발해져 혈당 상승을 억제하기 때문이다. 거기다 식이 섬유는 장내 세균의 작용에 따라 단쇄 지방산이라는 지방으로 변하는데 그 후에 인크레틴이 분비된다.

탄수화물을 마지막에 섭취하면 좋은 점이 또 한 가지 있다. 부식이나 반찬을 듬뿍 먹으면 주식을 섭취할 때쯤이면 배가 부른다. 그러면 주식은 조금만 먹어도 된다. 먹는 순서뿐 아니라 주식을 먹는 시간도 중요한데, 이상적인 것은 먹기 시작한 지 30분 후다. 저녁 반주를 하는 사람이라면 안주를 먹으며 천천히 마시다 보면 30분은 금방 간다.

다만 당질이 많은 술은 주의해야 한다(자세한 내용은 106쪽 참조). 바쁜 아침이나 시간이 한정된 점심에는 어려울 수도 있으나, 그래도 주식은 식사를 시작한 지 20분 후에 먹도록 하자.

베지터블 퍼스트보다는 카보하이드레이트 라스트

아래의 그래프는 먹는 순서에 따른 혈당치의 변화를 조사한 것이다. 탄수화물 먼저 먹기(카보하이드레이트 퍼스트), 밥과 국과 반찬을 차례로 조금씩 먹기, 탄수화물을 마지막에 먹기(카보하이드레이트 라스트)로 나눠 조사했다.

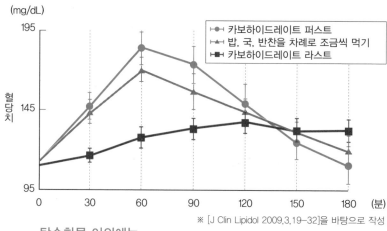

(mg/dL)

- ●─● 카보하이드레이트 퍼스트
- ▲─▲ 밥, 국, 반찬을 차례로 조금씩 먹기
- ■─■ 카보하이드레이트 라스트

혈당치

195

145

95

0   30   60   90   120   150   180 (분)

※ [J Clin Lipidol 2009,3,19-32]을 바탕으로 작성

탄수화물 이외에는
먹는 순서는 자유롭게!

먼저 먹는다

단백질과 지방

마지막에 먹는다

탄수화물

비타민

식이 섬유

단백질

18 아침 과일은 좋지 않다! 혈당을 올리지 않는 아침 식사는?

아침에 먹는 과일은 좋지 않다

'아침에 먹는 과일은 금(金)'이라는 유럽 속담이 있다. 아침에 과일을 먹으면 몸에 좋다는 뜻인데, 혈당을 생각한다면 꼭 그렇지는 않다.

73쪽의 그림처럼 아침에는 혈당을 올리는 호르몬이 많이 분비된다. 아침을 먹지 않아도 몸이 혈당을 높이는 작용을 하는 것이다.[*32] 이것이 바로 인간의 바이오리듬이다. 그런데 아침에 과일까지 먹으면 점점 더 혈당이 올라간다. 더구나 과일에 들어있는 과당은 먹은 직후에는 혈당을 많이 올리지 않지만, 습관적으로 섭취하다 보면 곧 포도당보다도 혈당을 더 많이 올리게 된다.

아침 식사를 야채 스무디로 대신하는 사람도 늘고 있다. 스무디로 얻을 수 있는 것은 비타민과 미네랄 등 극히 일부 영양소이다. 야채 스무디는 저칼로리이지만, 칼로리와 단백질 부족으로 근육이 약해질 수 있다. 또한 스무디에 꿀과 과일을 첨가하면 과당뿐 아니라 포도당도 많이 섭취하게 된다.

아침 식사로는 햄이나 소시지, 삶은 달걀, 견과류 등 지방과 단백질, 식이 섬유를 적극적으로 섭취하는 게 좋다. 요구르트는 고지방 요구르트를 선택하고, 저당질 빵에 버터를 듬뿍 발라 먹는 것도 추천한다.

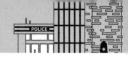

아침 식사는 거르지 않는 것이 좋다

아래의 그래프는 하루의 혈당치 변동을 나타낸 것이다. 혈당은 아침 식사 후가 가장 높다. 공복 시간이 가장 긴 데다 새벽 현상(인슐린 길항 호르몬이 밤에 많이 분비되어 새벽에 혈당치가 상승한다)이 일어나기 때문이다.

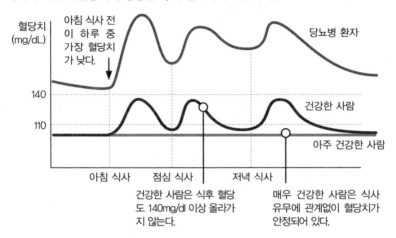

건강한 사람은 식후 혈당도 140mg/dl 이상 올라가지 않는다.

매우 건강한 사람은 식사 유무에 관계없이 혈당치가 안정되어 있다.

주의해야 할 아침 메뉴

수제 스무디

비타민, 미네랄은 섭취할 수 있지만, 칼로리와 단백질이 부족하다.

➕ 단백질이나 칼슘도 섭취하고 싶다면

삶은 달걀

견과류

요구르트

이 점은 주의!

야채 주스

시판되는 야채 주스는 의외로 고당질이 많다. 식이 섬유를 제거한 것도 있으므로 영양 성분표를 잘 살펴보고 고르는 것이 좋다.

우유·두유

우유나 두유에는 200ml 당 당질이 10g 정도 들어 있다.

73

아침 과일은 좋지 않다! 혈당을 올리지 않는 아침 식사는?

19 저당질 식품을 잘 골라 탄수화물을 섭취하자

간편하고 저렴한 저당질 식품이 많다

당질을 제한하면 건강한 몸을 만들 수 있다는 인식이 확산되면서 각 식품업체가 저당질 상품을 잇달아 출시하고 있다. 이전에는 저당질 식품을 개발하는 식품 제조업체가 적었기 때문에 인터넷 구매 등으로 손에 넣을 수밖에 없었고, 가격도 싸지 않았다. 그런데 최근에는 슈퍼마켓이나 편의점에서도 '저당질' 식품을 손쉽게 구할 수 있고 합리적인 가격에 구입할 수 있는 것들도 늘어나고 있다.

당질 제한을 시작하지 못하는 이유 중 하나는 좋아하는 밥이나 빵, 면류, 디저트를 먹고 싶어도 참아야 한다는 생각 때문이다. 못 먹는다는 생각 때문에 불안을 느끼는 사람도 많을 것이다. 그렇다면 좋아하는 음식을 현재 시판되고 있는 저당질 식품으로 대체해보는 것은 어떨까? 우동이나 라면, 파스타의 당질 함량이 절반이 되면 지금까지 먹던 대로 1인분을 먹을 수 있다. 게다가 식품 제조업체의 노력 덕에 저당질 식품 중에도 맛있고 포만감을 느낄 수 있는 것들이 많다.

다만 저당질 식품이니 안심하고 먹어도 된다며 과식해버리면 당연히 1일 당질 섭취량을 초과할 수도 있다. '당질 오프', '당질 컷' 등 저당질과 비슷한 의미의 단어도 있으므로 구입 시에는 당질의 양(%가 아닌 g)을 꼼꼼히 확인하길 바란다.

밥, 빵, 면을 먹고 싶다면 저당질 식품을 활용하는 것도 좋다

여기서 제시하는 당질 함량은 시판 상품의 일례다. 상품마다 당질 함량이 다르므로 구입 시 영양 성분 표시(76~77쪽)에서 당질 함량을 확인하기 바란다. 로카보(당질 제한식) 마크는 한 끼에 20~40g 정도의 당질을 섭취할 수 있게 만든 당질 제한식 상품에 표시된다.

당질 함량이 표시되어 있으니 확인하고 먹으면 된다.

밥 한 공기
(약 150g)
【당질 57g】

식빵 1장 (약 70g)
【당질 29.5g】

메밀국수 한 그릇
(230g)
【당질 62g】

당질 제한식
표시 마크

당질 제한식 조건을
충족하는 상품에
부착되는 인증 마크

저당질 밥 한 공기
(약 150g)
【당질 35.0g】

↓

저당질 식빵
1장
【당질 5.5g】

↓

저당질 메밀국수 한 끼
(150g)
【당질 18.5g】

편의점이나 마트에서 손쉽게 구입할 수 있다

치킨 샐러드
100g
【당질 0g】

혼합 견과류
80g
【당질 3.6g】

밀크초콜릿
다섯 알
【당질 9.8g】

묽은 양갱
1개
【당질 3.8g】

손수 만들지 않아도 저당질을 먹을 수 있다.

20 살찌지 않게 먹는 방법의 첫걸음, 영양 성분 표시를 확인하자

당질 함량을 확인한 후에 안심하고 먹자

당질 제한식을 실천하는 데 빼놓을 수 없는 것이 식품의 영양 성분 표시다. 2020년 4월, 새로운 식품 표시 제도가 전면 시행된 이후 영양 성분을 표시하도록 의무화했다. 따라서 현재 포장 식품에는 반드시 영양 성분을 표시해야 한다. 반드시 표기해야 하는 것은 **열량**(에너지), **단백질, 지방, 탄수화물, 나트륨**(식염 상당량)이다.

탄수화물은 당질과 식이 섬유로 나누어 표시하는 경우가 있다. '당질이 적다'거나 '식이 섬유가 많다'는 것을 알리기 위해서다. 반대로 이러한 표시가 없는 경우에는 **탄수화물의 양이 그대로 당질 함량에 상당한다**고 생각하면 된다.

이때 주의 깊게 살펴봐야 할 것은 바로 성분 표시의 기준량이다. 1봉지, 1개, 100g 등 제품에 따라 다양한데, 기준량을 제대로 확인하지 않고 당질 함량이 적다고 생각하고 먹는 일이 없도록 해야 한다.

또한 의외로 간과하기 쉬운 것이 음료에 함유된 당질의 양이다. 500ml 콜라에는 50g 이상의 당질이 함유되어 있어 밥 한 공기와 비슷하다. 사이다나 스포츠 음료 등 단맛이 나는 음료도 고당질이다. 아무리 건강에 좋아 보이는 식품이라도 영양 성분 표시를 꼼꼼히 확인하도록 하자.

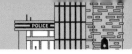

영양 성분 표시 보는 법

영양 성분표
1봉지(35g)당

열량 214kcal
단백질 3.2g
지방 17.2g
탄수화물 13.5g
나트륨 40mg

원재료명 초콜릿, 아몬드, 코코넛, 헤이즐넛, 물엿, 설탕/유화제, 감미료, 광택제, 증점제(일부에 밀, 우유 성분, 대두 포함)

표시된 수치가 상품의 전체 양인지, 일부인지 확인할 필요가 있다.

나트륨은 염분(식염) 상당량을 표시하기도 한다.

원재료는 함유량이 많은 순서대로 표기되어 있다. 설탕 등이 앞에 표기되어 있으면 주의해야 한다.

탄수화물은 식이 섬유와 당질을 합친 양이다. 구분해 표기하지 않은 경우는 탄수화물의 양이 거의 당질의 양이라고 봐도 된다.

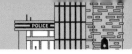

77

주의해야 할 음료

OK
무가당 음료

커피 100g
【당질 0g】

홍차·차 100g
【당질 0~0.3g】

NG
달콤한 음료

사과 주스
200g
【당질 23.6g】

스포츠 음료
500ml
【당질 25.5g】

각설탕 5~8개분에 해당한다.

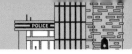

실제지 않게 먹는 방법의 첫걸음, 영양 성분 표시를 확인하자

21 '무설탕', '논슈거' 표시에 현혹되지 말자

당질과 당류의 차이에 주의해야 한다

건강에 관심을 갖는 사람이 늘면서 '당질 제로'를 내세운 상품이 슈퍼마켓이나 편의점에 등장했다. 이러한 상품은 고마운 존재이지만, '저당질'에 대한 정의가 있는 것은 아니다.

더욱 조심해야 할 것은 '당질 제로', '저당질'과 비슷한 표현의 상품이 많다는 점이다. 그중에서도 헷갈리는 것이 '당류 제로', '저당류'라고 표시된 상품이다. 당질과 당류는 비슷한 말 같지만 의미는 전혀 다르다. '당질'은 탄수화물의 일종으로 몸의 에너지원이 된다. 반면 '당류'는 탄수화물 중에서 단맛을 내는 단순당(단당류)으로(11쪽 참조) 혈당치를 올린다.

식품업계에서는 '당류 제로'는 식품 100g당 당류 양이 0.5g 미만, '저당류'는 식품 100g당 당류 양이 5g 이하라고 정의하기도 한다. 당류가 제로여도 당질은 제로가 아니라는 것이다. 소비자청의 영양 성분 표시 가이드라인에는 저당질에 대한 규정이 없다. '당류'에 강조 표시를 하는 상품도 있는데, 그 표현에 현혹되지 않도록 주의해야 할 것이다.

다만 '당류 제로' 음료라면 주로 사용되는 당알코올(당질)은 기본적으로 혈당을 올리지 않으므로 실질적으로 당질 제로라고 생각해도 된다.

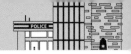

'당질 제로, 저당질' 차이점

항간에는 당류 제로, 저당질 등 비슷한 말이 난무하지만, 의미가 다르므로 구입할 때나 섭취할 때 주의해야 한다.

 먹어도 되는 식품

당질 프리

소비자청의 영양 성분 표시 가이드라인과는 별도로 100g(100ml) 속의 당질이 0.5g 미만인 음식물을 가리킨다. 당질 함유량은 거의 제로에 가깝다.

당질 오프

소비자청의 영양 성분 표시 가이드라인과는 별도로 대조 상품과 비교해 그 차이가 25% 이상인 경우에 사용한다. '●% 오프' 등처럼 숫자로 표시한다.

저당질

일반 식품보다 당질 함량이 적은 것을 말한다. 당질 오프와 거의 같은 개념으로 사용되는 경우가 많다. 마찬가지로 영양 성분 표시 가이드라인과는 별도다.

▼

혈당이 쉽게 올라가지 않는다

 주의해야 할 식품

무설탕

가공 단계에서 설탕을 사용하지 않았음을 의미한다. 다만 포도당 등은 사용되는 경우가 있으므로 식후 고혈당으로 이어질 수 있다.

저당, 미당, 당분 제한, 당분 컷

'미, 저' 등을 내세운 것은 식품 100g당 당류 5g 이하, 음료 100ml당 당류 2.5g 이하다. 당질인지 당류인지 분명하지 않아서 구분하기 쉽지 않지만, 당류는 적고 당질은 많은 악의적인 상품은 별로 없다.

무설탕, 무가당, 슈거리스, 당류 제로

100g(100ml)당 당류(단당류와 이당류)가 0.5g 미만이면 '제로, 무, 논, 리스, 프리'라고 표기할 수 있으나 다당류나 당알코올이 들어 있는 것도 있다. 당알코올은 대부분 혈당에 영향을 주지 않지만 말티톨은 확실히 혈당에 영향을 준다.

▼

혈당치가 오를 수 있다!

─── POINT ───
모두 '%'가 아닌 'g'의 수치를 확인해야 한다!

79

'무설탕', '논슈거' 표시에 현혹되지 말자

22 외식할 때 음식점이나 메뉴 선택하는 법

햄버거도 먹을 수 있다!

외식할 때도 당질 제한식을 어렵지 않게 실천할 수 있다. 외식 메뉴에 함유된 당질의 양을 공식 홈페이지 등을 통해 어느 정도 파악해 두면 어떤 메뉴든 맛있게 즐길 수 있다. 정식 메뉴 등의 경우는 처음부터 밥을 적게 달라고 하고, 적극적으로 냉두부나 튀김 등 저당질 단품 메뉴를 추가하자. 최근에는 프랜차이즈 덮밥집에도 밥을 두부와 양배추로 대체해서 제공하는 곳도 있다.

일식은 건강한 이미지가 있지만, 양념에 미림이나 설탕을 많이 사용하기 때문에 고당질이 되기 쉽다. 일식보다는 양념에 감미료를 거의 사용하지 않은 담백한 맛의 고기나 생선 메뉴가 있는 양식을 추천한다. 지방과 단백질을 충분히 섭취할 수 있기 때문이다.

칼로리나 지방을 제한하는 데는 좋지 않다고 생각하기 쉬운 햄버거도 먹어도 괜찮다. 가게마다 차이는 있지만, 햄버거 번즈(둥근빵)에 함유된 당질은 약 30g이다. 한 끼의 당질 권장량이 20~40g이므로 버거의 내용물과 사이드 메뉴를 잘 골라 40g 이내가 되게 먹으면 된다.

하지만 튀김옷을 입힌 튀김이나 간장 양념구이처럼 달콤하게 양념한 것은 당질 함량이 많으므로 주의할 필요가 있다. 번즈를 저당질 빵으로 바꿔주는 햄버거 가게도 있으므로 이 점을 잘 알아두고 외식을 즐기도록 하자.

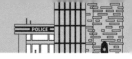

외식으로 당질 제한식 실천하기

외식으로는 당질 제한식을 실천하기 어렵다고 생각하기 쉽지만, 메뉴를 잘 선택하면 당질의 과다 섭취를 막을 수 있다. 공식 사이트의 영양 성분표도 살펴보는 것이 좋다.

햄버거 가게

감자튀김은 고당질이므로 피한다.

음료는 무설탕 커피나 차를 고른다.

햄버거빵의 당질 함량은 1개에 약 30g. 고기나 달걀, 치즈 같은 재료를 선택한다. 튀김이나 간장 양념구이처럼 달콤한 맛이 나는 음식은 피하는 게 좋다.

사이드 메뉴는 프라이드 치킨이나 샐러드를 고르자.

소고기덮밥 가게

소고기덮밥에 달걀을 추가하거나 생선구이 단품을 선택하는 것이 좋다.

밥은 절반만 먹는다.

부식으로는 냉두부나 낫토, 샐러드를 고른다.

된장국을 고른다. 돼지고기 국물과 감자는 먹지 않는다.

OK	NG
•양식점　•패밀리 레스토랑	•일식집　•중식당
빵은 적게 먹고 메인 요리를 넉넉하게 먹으면 된다.	**간장, 미림 등 당질이 많이 든 조미료가 많다.**

외식할 때 음식점이나 메뉴 선택하는 법

당뇨병은 뚱뚱한 사람만
걸리는 게 아니다

일본인은 뚱뚱하지 않아도
당뇨병 위험이 있다!?

뚱뚱한 사람은 당뇨병에 걸리기 쉽다고 생각하는 사람이 있을지 모르나, 사실 일본의 당뇨병 환자는 서양의 당뇨병 환자만큼 뚱뚱하지는 않다. 토라노몬 병원에서 당뇨병 환자의 데이터를 조사했는데, 비만도를 나타내는 BMI 지수(체질량지수, 체중÷신장÷신장)가 평균 24.4로 나왔다. 일본에서는 BMI 지수가 25 이상일 경우에 비만으로 간주한다(제1장 29쪽).* 즉, 일본인은 뚱뚱하지 않아도 당뇨병에 걸리는 경우가 많은 것이다.

서양인은 인슐린 분비 능력이 동양인에 비해 높다. 그 때문에 당질 섭취로 혈당치가 급상승하면 췌장에서 대량의 인슐린을 분비하여 당질을 지방세포 내로 척척 흡수한다. 서양인 중에 비만한 당뇨병 환자가 많은 것은 그 때문이다.

반면 일본인은 체격이 비슷한 서양인에 비해 인슐린 분비 능력이 떨어진다. 그 때문에 많은 당질을 섭취하면 인슐린 분비가 이를 따라가지 못한다. 그러면 지방세포에 흡수되지 않는 당이 혈액 속에 넘쳐 고혈당을 일으킨다. 그러므로 뚱뚱하지 않으니 괜찮다고 방심하지 말고, 당질을 과다 섭취하지 않도록 해야 한다.

* J Diabetes Investing 2015; 6(3):289–294

제 3 장

탄수화물, 제대로 알고 건강하게 먹자

탄수화물 과다 섭취로 일어나는 질병,

당질 함량이 의외로 많은 식품,

술을 마시거나 간식을 먹을 때

탄수화물을 섭취하는 방법 등

탄수화물에 대해서 더 자세히 알아보자.

01 이용 가능한 탄수화물이란 무엇일까?

당질을 세밀하게 분류해보자

　　　　예전에는 탄수화물 중량을 측정할 수 없었다. 그래서 영양 성분을 표시할 때 식품의 전체 중량에서 다른 영양소와 수분 등의 중량을 빼고 산출했다. 그런데 2015년 문부과학성이 '일본 식품표준성분표'를 개정하여 '이용 가능한 탄수화물'을 명시할 수 있게 되었다. '이용 가능한 탄수화물'이란 에너지로 이용할 수 있는 탄수화물로, 전분(다당류), 단당류(포도당, 과당 등), 이당류(자당, 유당 등), 올리고당류 일부 등 1g당 3.75kcal 이상의 열량을 내며 혈당을 올리는 탄수화물을 가리킨다. 이 책에서는 당질을 이용 가능한 탄수화물이라고 표현했다.

　　한편 '당질'이라는 용어는 제4개정판 '일본 식품표준성분표(1982년)'에서 사용한 말로, 탄수화물에서 식이 섬유를 뺀 나머지 성분을 가리키는 데 사용했다. 그런데 당알코올처럼 에너지가 거의 제로이고※ 혈당을 올리지 않는 물질은 당질에 포함되지만 이용 가능한 탄수화물에는 포함되지 않는다. 이용 가능한 탄수화물과 당질은 본래 다른 것이다.

　　또한 2020년에 '일본 식품표준성분표'가 전면 개정되면서 탄수화물의 분류가 바뀌었다. 개정 후 성분표에서는 당질의 열량이 1g당 4kcal에서 3.75kcal로 변경되었다.

※ 예외적으로 말티톨이라는 당알코올은 1g당 3kcal의 열량을 내며, 포도당의 절반 정도의 혈당 상승작용을 한다.

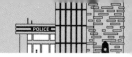

이용 가능한 탄수화물

'이용 가능한 탄수화물'이란 체내에서 이용할 수 있는(소화 흡수되는) 탄수화물을 가리킨다. 당질에서 당알코올을 뺀 것을 이용 가능한 탄수화물이라고 생각하면 이해하기 쉬울 것이다.

| 이용 가능한 탄수화물 | = | 당질 | - | 당알코올 |

당알코올은 소화 흡수가 잘되지 않아 이용 가능한 탄수화물과는 별도로 생각한다.

이용 가능한 탄수화물에는 3종류가 있다

예) 백미(멥쌀) 먹을 수 있는 부분 100g당

탄수화물						
이용 가능한 탄수화물			식이 섬유 총량	당알코올	탄수화물	
이용 가능한 탄수화물 (단당당량)	이용 가능한 탄수화물 (질량계)	차감법에 따른 이용 가능한 탄수화물				
38.1g	34.6g	36.1g	1.5g	−	37.1g	

이용 가능한 탄수화물 (단당당량)

에너지(열량)로 이용할 수 있는 전분, 단당류, 이당류를 단당의 질량으로 환산한 총합. 열량을 계산할 때 사용한다. 단당당량으로서의 이용 가능한 탄수화물은 질량의 합인 질량계에서 이용 가능한 탄수화물을 모두 가수분해한 상황에서 계산하기 때문에 분해에 가해진 물의 무게만큼 무거워진다.

이용 가능한 탄수화물 (질량계)

전분이나 포도당, 과당 같은 이용 가능한 탄수화물을 직접 분석 또는 추정한 값으로. 이들 질량의 합계이다. 섭취량을 산출할 때 사용한다. 개념적으로는 가장 당질에 가깝다. 문부과학성에서 그 식품의 이용 가능한 탄수화물을 측정하지 않은 것은 차감법으로 나타낼 수밖에 없다.

차감법에 따른 이용 가능한 탄수화물

식품 100g에서 수분, 단백질, 지방, 식이 섬유 총량, 유기산, 광물성 영양소, 알코올 등을 뺀 값을 말한다.

※ 문부과학성 '일본 식품표준성분표 2020년 판'을 바탕으로 작성

| 실제로 이용 가능한 탄수화물이 적은 식품은… | 우엉 100g당 1.1g | 내추럴 치즈(크림) 100g당 2.5g |

118~126쪽의 '식품별 탄수화물 함량 일람표'에서는, 이용 가능한 탄수화물에는 단당당량의 수치를 명시하고, 단당당량이 분명하지 않은 경우는 차감법 수치를 채택했다.

02 혈당 조절이 잘 안되면 심각한 질병으로 이어진다

혈당 개선은 질병 예방의 지름길

일본인 6명 중 1명은 혈당 조절이 잘 안되는 혈당 이상자다. 40세 이상자로 한정하면 무려 3~4명 중 1명이 이에 해당한다.

혈당 이상자란 '당뇨병이 강하게 의심되는 자'와 '당뇨병일 가능성을 부정할 수 없는 자'를 가리킨다. 당뇨병 예비군이라 할 수 있는 '당뇨병일 가능성을 부정할 수 없는 단계'일 때 혈당을 개선하지 않으면 심각한 질병이 기다린다. 먼저 굵은 혈관에 동맥경화증이 진행되기 시작하고, 이윽고 관상동맥 질환과 같은 심장병이나 뇌졸중 등 생명과 직결되는 장애로 이어진다.

게다가 역학적으로는 '당뇨병'이라고 분류해도 되는 '당뇨병이 강하게 의심되는 단계'에서는 모세혈관에도 장애가 생기고, 신경이나 눈, 신장에 '당뇨병성 신경 장애', '당뇨병성 망막증', '당뇨병성 신증'이라는 '당뇨병의 3대 합병증'이 생긴다. 동맥경화증을 포함하여 이러한 혈관 장애는 한번 생기면 완전히 회복되기는 어렵다.

고혈당은 암 발생 위험도 높인다. 당뇨가 있는 사람은 건강한 사람에 비해 대장암과 간암, 췌장암의 발병률이 1.4~2.0배 높다는 연구 결과도 발표된 바 있다.

이렇듯 건강의 연쇄적인 붕괴를 '메타볼릭 도미노'라고 하는데, 질병이 도미노처럼 연쇄반응을 일으키는 시작점은 식후 고혈당 등과 같은 고혈당 상태이다. 이에 대한 자각증상이 없더라도 당질을 제한하여 혈당을 안정시키는 것이 무엇보다 중요하다.

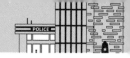

탄수화물(당질) 과다 섭취가 초래하는 질병

탄수화물 과다 섭취가 문제가 되어 당뇨병이 생기거나 혈당 조절이 잘 안되는 사람이 늘어나고 있다.

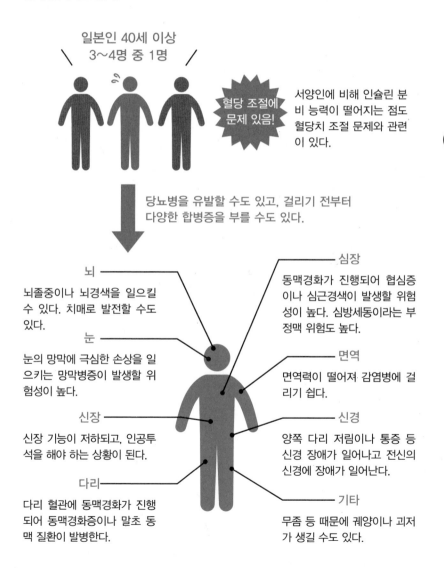

일본인 40세 이상
3~4명 중 1명

혈당 조절에 문제 있음!

서양인에 비해 인슐린 분비 능력이 떨어지는 점도 혈당치 조절 문제와 관련이 있다.

당뇨병을 유발할 수도 있고, 걸리기 전부터 다양한 합병증을 부를 수도 있다.

뇌
뇌졸중이나 뇌경색을 일으킬 수 있다. 치매로 발전할 수도 있다.

눈
눈의 망막에 극심한 손상을 일으키는 망막병증이 발생할 위험성이 높다.

신장
신장 기능이 저하되고, 인공투석을 해야 하는 상황이 된다.

다리
다리 혈관에 동맥경화가 진행되어 동맥경화증이나 말초 동맥 질환이 발병한다.

심장
동맥경화가 진행되어 협심증이나 심근경색이 발생할 위험성이 높다. 심방세동이라는 부정맥 위험도 높다.

면역
면역력이 떨어져 감염병에 걸리기 쉽다.

신경
양쪽 다리 저림이나 통증 등 신경 장애가 일어나고 전신의 신경에 장애가 일어난다.

기타
무좀 등 때문에 궤양이나 괴저가 생길 수도 있다.

87

혈당 조절이 잘 안되면 심각한 질병으로 이어진다

03 자리보전과 치매 예방도 혈당치 조절이 관건이다

혈당 개선으로 안티에이징!

피부에 기미나 주름이 늘어나고, 무릎이나 허리에 통증이 생기는 등 나이가 들면서 일어나는 다양한 변화도 고혈당과 밀접한 관련이 있다. 고혈당 상태가 계속되면 혈액 속에 포도당이 넘치게 되고, 이윽고 단백질과 결합한다. 이것이 '당화'라는 반응이다. 당화로 단백질이 열화하면 최종당화산물(AGEs)이 생기는데, 이것이 축적되면 몸의 기능이 저하되어 노화 현상이 나타난다. 또한 혈당이 급격하게 상승했다가 하락하는 혈당 스파이크도 산화 스트레스를 불러일으키는데, 이것은 노화를 진행시키는 한 요인이 되기도 한다.

또한 혈당 조절이 잘 안되는 사람은 잘되는 사람에 비해 알츠하이머 치매의 발병 위험이 1.6배 높다.[1] 동맥경화증으로 뇌혈관에 문제가 생길 뿐만 아니라 뇌세포 자체도 고혈당의 부담으로 노화되기 때문이다.

칼로리 제한식을 오래 하면 뼈와 근육이 약해진다.[2] 고령자들에게 증가하고 있는 '로코모티브 신드롬(운동기능 저하 증후군, 운동 기능이 저하되어 일상생활을 하는 데 돌봄이 필요한 상태-역주)'은 근력과 골밀도 저하 때문에 쉽게 넘어지거나 쉽게 골절되는 등 거동이 불편한 요인으로 지적되고 있다. 당질 제한식을 실천하면 근육량을 유지한 채 혈당치를 낮출 수 있어 치매나 자리보전을 예방할 수 있다.

고혈당이 노화를 가속한다!?

혈액 속의 과다한 포도당은 혈액이나 조직의 단백질과 결합하여 '당독소'라 불리는 최종당산화물(AGEs)을 만든다.

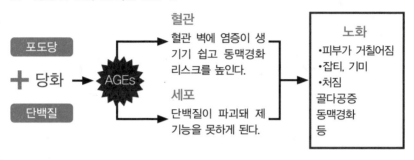

칼로리를 제한하면 뼈에 구멍이 숭숭 뚫린다

한 연구 기관에서 비만이 없는 건강한 성인에게 2년간 칼로리를 제한하게 한 후 골밀도를 확인한 결과 골밀도가 감소하는 경향을 보였다.

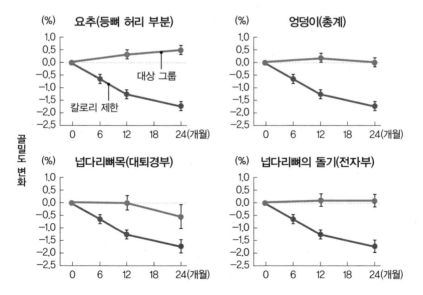

※ [J Bone MinerRes 2016, 31, 40–51]을 바탕으로 작성

04 당뇨병에 효과가 있는 것은 칼로리 제한이 아닌 당질 제한

당질 제한과 운동으로 고혈당을 예방한다!

당뇨병은 크게 세 가지로 나눌 수 있는데, 전체의 90% 이상이 '제2형 당뇨병'이다. 제2형 당뇨병은 유전적 체질에 운동 부족과 비만이 더해져 발병한다. 일반적으로 당뇨병은 '제2형 당뇨병'을 가리키며, 치료 방법에는 식이요법과 운동요법, 약물요법 등이 있다.

일본에서는 당뇨병이 있는 사람에게 식이요법으로 칼로리 제한을 권장한다. 하지만 유럽에서는 '과체중이나 비만이 아닌 이상 칼로리 제한을 할 필요가 없다'고 가이드라인에 명시해 놓았다.[3] 미국은 칼로리를 제한해도 장기적으로는 효과가 없다는 이유로 1994년 칼로리 제한 사항을 삭제하고,[4] 현재는 '당질 제한이 혈당을 관리하는 데 가장 효과적'이라고 명시해 놓았다.[5]

미국당뇨병학회는 2008년 식이요법에 당질 제한을 도입했다. 그 이후 신규 당뇨병 발병자 수가 서서히 감소하고 있다는 보고가 있다.[6] 당뇨병 환자(일본인)를 대상으로 한 연구에서도 당질 제한식은 다른 식사에 비해 유효성(우월성)을 보였다.[7]

즉, 당질 제한식이 고혈당을 개선하는 데 큰 효과가 있다는 것이다. 식이요법과 병행해야 할 것은 바로 운동요법이다. 걷기나 가볍게 달리기, 스트레칭 등 유산소운동을 하면 즉시 효과를 볼 수 있다. 근력 운동(저항성 운동)도 효과가 있다. 낙상 위험이 있는 사람은 요가나 태극권을 하는 것도 좋다.

당뇨병은 평생 관리가 필요한 만성질환

건강검진에서는 식후 혈당치를 측정하지 않으므로 집에서 혈당치를 측정해보자.

혈당은 식후 측정을 추천한다

① 혈당 측정기로 손가락 끝을 찔러 미량의 혈액을 채취한다.

② 측정기 센서에 혈액이 스며들게 한다.

③ 몇 초 후에 혈당치가 나온다.

포인트
- 식후 1~2시간이 지났을 때 측정한다.
- 손끝 통증이 심할 때는 손바닥에서 채혈해도 된다.
- 결과를 노트 등에 기록해두면 좋다.

혈당치 판정

혈당치의 기준치와 판정 구분을 나타낸 오른쪽 표를 참고하면 된다. 정상은 공복 시 110mg/dL 미만 및 식후 140mg/dL이다.

 70mg/dl 미만의 저혈당도 주의!

혈당치는 너무 낮아도 만병의 근원이 된다. 낮은 수치에도 주의해야 한다.

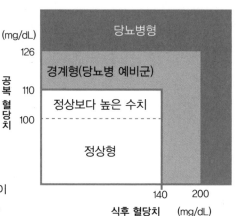

※ [일본 당뇨병 학회편 '당뇨병 치료 가이드라인 2022-2023']을 바탕으로 작성

당뇨병에 효과가 있는 것은 칼로리 제한이 아닌 당질 제한

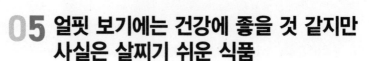

05 얼핏 보기에는 건강에 좋을 것 같지만 사실은 살찌기 쉬운 식품

뿌리채소에는 주식과 거의 같은 당질이 함유돼 있다!

당질 제한식에서는 주식을 줄이고 그만큼 채소를 많이 섭취할 것을 권장하지만, 채소 중에는 당질이 많은 것도 있다. 감자나 고구마 같은 뿌리채소와 호박, 연근, 옥수수 등에는 밥, 빵만큼이나 많은 당질이 함유되어 있다. 이러한 재료를 사용해 만든 감자 샐러드나 조림은 주식만큼 당질 함량이 높다고 할 수 있다.

또한 아침에 간단히 끼니를 해결할 수 있는 시리얼이나 타코(멕시코 전통 음식), 토르티야, 팝콘 등도 옥수수가 원료이므로 과식하지 않도록 주의해야 한다. 건강에 좋을 것 같은 당면이나 미펀(쌀국수) 등도 녹두 전분과 쌀이 원료이므로 당질이 많이 함유되어 있다.

건강에 대한 관심이 높아지면서 잡곡을 먹는 사람이 늘고 있다. 잡곡에는 식이 섬유 등 우리 몸에 꼭 필요한 영양소가 풍부하게 함유되어 있지만 곡류이므로 고당질에는 변함이 없다. 마찬가지로 건강한 식재료로 주목받는 콩류 중에도 콩가루와 팥, 누에콩처럼 당질이 비교적 많은 것들이 있다. 이런 콩 반찬이나 팥이나 완두콩 등을 넣어 지은 밥은 적당량을 먹는 것이 좋다.

한편 두부나 낫토, 유부 같은 대두 제품은 당질이 적은 데다가 고기나 생선만큼 양질의 단백질을 풍부하게 함유하고 있으므로 양을 신경 쓰지 않고 마음껏 먹어도 괜찮다.

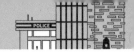

당질이 많은 주의해야 할 식품

건강에도 좋고 다이어트에도 좋다고 하는 음식 중에도 고당질인 것들이 의외로 많다. 신중하게 골라야 할 음식을 살펴보자.

⚠️ **주의해야 할 면 종류**　　　　　이거면 OK!

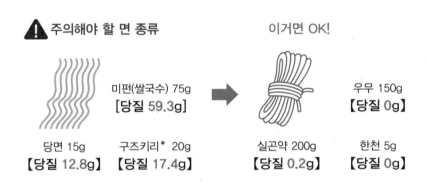

미펀(쌀국수) 75g
【당질 59.3g】

우무 150g
【당질 0g】

당면 15g
【당질 12.8g】

구즈키리* 20g
【당질 17.4g】

실곤약 200g
【당질 0.2g】

한천 5g
【당질 0g】

⚠️ **콩류도 먹는 양에 주의**　　　대두는 단백질도 풍부하다

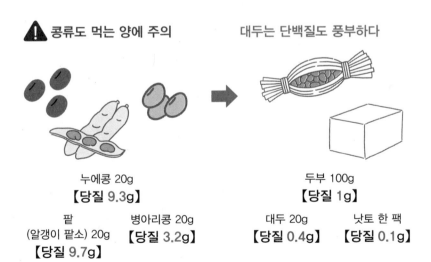

누에콩 20g
【당질 9.3g】

두부 100g
【당질 1g】

팥
(알갱이 팥소) 20g
【당질 9.7g】

병아리콩 20g
【당질 3.2g】

대두 20g
【당질 0.4g】

낫토 한 팩
【당질 0.1g】

※ 구즈키리: 칡가루를 물에 녹여 틀에 담은 후 가열한 뒤, 다시 냉각하여 굳힌 것을 가늘고 길게 자른 국수 모양

얼핏 보기에는 건강에 좋을 것 같지만 사실은 살찌기 쉬운 식품

06 저 GI 식품은 살이 찌지 않는다?

저 GI 식품이라고 과신하지 말아야 한다

요즘 'GI 지수'라는 말을 많이 들을 것이다. 'GI 지수(혈당지수)'는 음식을 섭취한 후 혈당이 얼마나 빠르게 상승하는지를 숫자로 나타내는 지표다. 포도당 50g을 섭취했을 때의 혈당 상승 속도를 100(기준)으로 정하여 식품마다 수치화한 것인데, **GI 지수가 낮은 식품일수록 혈당 상승 곡선이 완만하다**. GI 지수가 55 이하인 식품을 '저 GI 식품'이라고 하는데, GI 지수가 낮은 식품은 식후 고혈당을 막는 데 어느 정도 효과가 있는 것으로 알려져 있다. GI 지수가 낮은 곡류로는 통밀 파스타, 메밀, 호밀빵, 현미 등이 있다. 반면 흰쌀밥이나 식빵, 콘 플레이크 등 GI 지수가 70 이상인 식품을 '고 GI 식품'이라고 한다.

식후 고혈당을 막기 위해서는 가능한 한 GI 지수가 낮은 식품을 먹어야 한다고 주장하는 의사도 있다. 그런데 GI 지수는 높지만 당질 함량이 낮은 음식을 먹었을 때보다도 GI 지수는 낮지만 당질 함량이 높은 음식을 먹었을 때 혈당이 더 올라간다는 보고가 있다.[8] 그러므로 GI 지수보다는 당질 제한을 우선시하는 것이 중요하다.

또한 급격한 혈당 상승을 막는 데는 먹는 순서와 음식 씹는 횟수도 중요하다. 단백질이 많은 부식물을 먼저 먹고 마지막에 곡류를 먹자. 그리고 천천히 꼭꼭 씹어 먹자. GI 지수가 높은 식품을 먹을 수밖에 없을 때는 우선 양을 의식하고(한 끼 당질 20g~40g), 먹는 순서와 잘 씹는 데 신경 쓰자. GI 지수가 낮은 식품이라도 섭취량이 많으면 식후 고혈당을 초래하는 것은 당연하다.

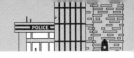

저 GI 식품이 혈당을 낮추지는 않는다

저 GI 식품인 블랙 푸드(검은색을 띤 자연식품)는 몸에 좋다는 이미지가 있다. 하지만 당질 함량은 거의 변함이 없어 혈당치 개선을 기대하기는 어렵다.

저 GI 식품

밥
한 공기 150g
【당질 57g】

현미
한 공기 150g
【당질 53g】

GI 지수는 낮지만 당질 함량이 높은 음식도 있다!

먹는다면
이렇게!

볶음밥
밥 이외의 다른 재료를
듬뿍 넣으면 좋다.

저 GI 식품

식빵
1장 60g
【당질 26.6g】

호밀빵
1장 60g
【당질 28.3g】

GI 지수는 낮지만 당질 함량이 높은 음식도 있다!

먹는다면
이렇게!

바게트빵
한 조각!
버터는 듬뿍 발라도 좋다.

저 GI 식품

우동
1그릇 270g
【당질 58g】

메밀국수
한 판 230g
【당질 62g】

GI 지수는 낮지만 당질 함량이 높은 음식도 있다!

먹는다면
이렇게!

카르보나라
지방을 많이
섭취할 수 있다.

저 GI 식품은 쌀이 찌지 않는다?

07 과일도 많이 먹으면 살찌기 쉽다!

저 GI 식품도 비만을 부를 수 있다!

저 GI 식품에는 또 한 가지 문제가 있다. **바로 과일 속에 들어있는 과당이다.** 과일의 당도는 과일 100g에 들어있는 당분의 양을 나타내는 것으로, 숫자가 크면 클수록 당질 함량이 높다. 과당은 저 GI 식품(불과 20)에 속한다. 과일에 함유된 과당 중 포도당으로 변환되는 것은 20% 정도이고 그 이외의 대부분은 과당인 채로 혈액 속을 돌아다닌다. 그 때문에 혈당이 급격하게 상승하지는 않는다. 하지만 **과당은 중성지방으로 변하기 쉬워 지방간 등의 질병을 일으킬 수 있다.** 지방간은 인슐린의 기능을 약하게 만들어 혈당치를 악화시키는 한 요인이 된다.[9]

게다가 과당은 간에서만 처리가 되는데 그 첫 과정에서 에너지(칼로리)를 사용한다. 그 결과 **몸에서는 에너지 부족이 아닌데 간에서 에너지가 부족해 공복감이 생기고 칼로리 초과로 이어진다.** 또한 과당은 의존성이 있는 것으로 밝혀졌다.[10]

과일에는 식이 섬유와 비타민, 미네랄이 풍부하게 함유되어 있지만, 당질을 제한할 때는 많이 먹지 않도록 해야 한다. **그중에서도 말린 과일은 수분이 빠져나간 만큼 당질이 응축되어 있다.** 과즙 100%를 내세우는 과일 주스도 마찬가지다. 과일이나 말린 과일은 소량으로 즐기고 과일 주스는 마시지 않는 것이 좋다.

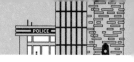

과일은 과자와 거의 같은 당질 함량!?

과일은 비타민, 미네랄, 식이 섬유와 같은 영양소가 풍부한 건강식품이기는 하지만 당질이 상당히 많은 편이다. 특히 품종개량으로 당도가 높을수록 당질 함량도 높다.

당질이 많은 과일

바나나 1개
【당질 20g】

배 1개
【당질 25g】

포도 1송이
【당질 40g】

망고 1개
【당질 58g】

과자와 거의 같은 당질 함량!

붕어빵 1개
【당질 42g】

쇼트케이크 100g
【당질 44g】

양갱 1조각 (60g)
【당질 44g】

이거면 OK!

아보카도 1개
【당질 1g】

딸기 6개
(보통 크기의 딸기:
1개 22g 정도)

【당질 10g】

체리 10개
(보통 크기의 체리:1개 7g 정도)
아메리칸 체리 6개
(보통 크기의 체리:1개 12g 정도)

【당질 10g】

리치 3개
【당질 9g】

기호식품은 하루에 당질 10g 이내로 먹는다!

08 설탕 대신 인공감미료를 활용하자

인공감미료는 당질 제한식의 강력한 지원군!

단맛을 내고 싶다면 인공감미료로 대체하자. 왜냐하면 '아스파르템'이나 '아세설팜 칼륨' 같은 인공감미료는 혈당을 올리지 않기 때문이다. 감미료로 많이 사용하는 당알코올인 '에리트리톨'은 흡수되어도 에너지(칼로리)가 되지 않고 거의 그대로 소변으로 배출되기 때문에 혈당을 올리지 않는다.

미국의 의학 전문지 오비서티(Obesity)는 2014년, 대상자를 인공감미료가 든 음료를 마시는 그룹과 물을 마시는 그룹으로 나누고, 어느 쪽이 체중 감량 효과가 높은지 조사했다. 연구 결과는 물을 마신 그룹보다 인공감미료 음료를 마신 그룹이 체중 감량 효과가 더 높은 것으로 나타났다.[11] 아마도 단맛에 대한 만족감과 관련이 있지 않을까 생각한다.

인공감미료는 건강에 좋지 않을 것 같은 이미지가 있으나 그것은 비만 관련 질병이 인공감미료 섭취량이 많은 뚱뚱한 사람에게 많기 때문이다. 일반적으로 비만한 사람은 정상 체중인 사람에 비해 다이어트 음료(인공감미료가 첨가된 음료)를 많이 마시는 경향이 있다.

인공감미료보다는 천연 유래 설탕이 더 안전하다고 믿고 설탕 섭취량을 늘리다가는 비만이나 당뇨병 위험을 높일 수가 있다. 단맛을 원한다면 인공감미료를 잘 사용하는 것도 당질을 제한하는 한 방법이 될 것이다.

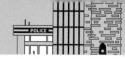

인공감미료는 혈당을 올리지 않는다

건강을 위해 흑설탕이나 올리고당을 넣어 단맛을 낸다는 사람이 많다. 그런데 이들 감미료는 당질 함량이 많아 혈당을 올린다. 혈당을 생각한다면 인공감미료를 사용하자.

혈당을 올리는 감미료

• 설탕(그래뉴당 1큰술 [당질 13g] /
흑설탕 1큰술 [당질 8g] / 메이플 시럽 1큰술 [당질 13.9g]
꿀 1큰술 [당질 15g]

• 과당이나 포도당, 물엿 등 (전분 유래의 당)

※과당이나 포도당, 물엿은 저렴한 감미료라서 과자나 음료에 많이 사용되고 있다.
　비만의 원인이 되므로 요주의!

• 올리고당과 유당

음료나 요리에 사용할 수 있다.

혈당을 올리지 않는 감미료

인공감미료	아스파르템, 아세설팜칼륨, 수크랄로스 등	단백질 등으로 합성한 감미료. 0 kcal라 혈당을 올리지 않는다. 1일 섭취 상한선이 있긴 하지만 신경 쓰지 않아도 될 양이다.
천연감미료	나한과 추출물, 스테비아 등	박과나 국화과 같은 식물로 만든 감미료. 혈당을 올리지 않기 때문에 인슐린이 분비되지 않는다.
당알코올	에리트리톨 등	천연에도 존재하는 감미료. 당질의 일종이지만 혈당을 올리지 않는 것이 대부분이다. 에리트리톨은 몸에 흡수되지 않고 소변으로 배출되므로 에너지원이 되지 않는다. 다만 예외적으로 말티톨은 중량의 절반 정도가 당질이다.

설탕 대신 인공감미료를 활용하자

09 살이 빠지지 않는 원인은 조미료 때문이다?

조미료 과다 섭취가 원인일 수도 있다

당질 제한식을 실천하는데도 기대한 만큼의 효과가 나타나지 않는다면, 조미료가 원인일 수도 있다. **일식에서 자주 사용하는 미림이나 달콤한 된장은 생각보다 당질 함량이 높다.** 예를 들어, 스키야키용 국물의 경우, 당질 함량이 2인분에 50~60g이나 된다. 그 밖에 토마토케첩과 고형 부용, 돈가스 소스, (걸쭉한) 커리 루 등에도 당질이 많다.

특히 주의해야 할 것이 설탕이다. 건강을 위해 흑설탕이나 고급 백설탕을 사용하는 사람도 있으나 **당질 함량은 일반 백설탕과 다르지 않다.** 단맛을 내고 싶다면 인공감미료를 추천한다. 걸쭉함을 내기 위해 사용하는 전분도 대부분 당질이다. 마찬가지로 밀가루 역시 당질이 많다.

당질이 많은 이러한 조미료를 사용하지 않고도 올리브유나 마요네즈, 버터, 고추기름, 참기름 등을 잘 사용하면 요리에 풍미를 낼 수 있고 안심하고 먹을 수 있다. 또한 반찬은 가능한 한 짜지 않게 양념하도록 하자. 밥에 젓갈을 올려 먹고 싶을 수 있으나 젓갈처럼 짭짤한 반찬은 밥을 더 먹게 되어 당질 과다로 이어질 수 있다. 밥을 줄여 허전한 느낌이 든다면 향과 풍미를 살릴 수 있는 기름으로 맛을 내는 것도 좋다.

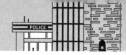

조미료의 당질 함량

아래의 표는 평소 요리에 사용하는 조미료를 당질이 많은 순으로 정리한 것이다. 가능한 한 저당질 조미료로 대체해 사용해보자.

당질	당질 함량 (100g당)	주요 조미료	비고
많음	40g 이상	• 메이플 시럽 • 꿀 • 설탕(그래뉴당, 흑설탕 등)	설탕 1큰술당 당질 함량은 그래뉴당 13g, 흑설탕 8g, 와삼본(설탕의 일종) 10g이다.
	20~40g 미만	• 토마토케첩 • 우스터 소스 • 중농 소스 • 미림 • 춘장	토마토케첩이나 소스는 너무 많이 뿌리지 않도록 주의해야 한다. 허브나 향신료를 잘 사용하면 풍미가 좋아 싱거워도 맛있다.
	5~20g 미만	• 씨겨자 • 폰즈 간장 • 데미글라스 소스 • 된장 • 굴소스	단맛이 나는 된장은 당질 함량에 주의해야 한다. 전분이나 커리 루 등 걸쭉한 조미료도 당질 함량이 높을 수 있다.
적음	5g 미만	• 인공 저당질 감미료 • 소금 • 간장(진간장) • 마요네즈 • 곡물 식초 • 두반장	매운맛을 내고 싶을 때는 두반장이나 겨자, 고추, 후추 등을 사용하는 것이 좋다. 올리브유나 참기름 등 당질 0g 조미료도 잘 활용하면 좋다.

살이 빠지지 않는 원인은 조미료 때문이다?

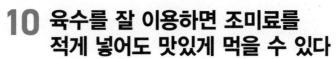

10 육수를 잘 이용하면 조미료를 적게 넣어도 맛있게 먹을 수 있다

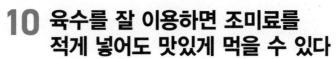

맛간장이나 미림의 숨은 당질에 주의한다

간편하게 사용할 수 있는 시판 육수는 요리하는 데 아주 요긴하게 쓰인다. 그런데 시판 중인 육수에는 단맛이나 염분 등이 가미되어 있을 수 있다. 고형 부용은 큐브 1개당 당질이 2g, 염분은 2.5g 함유되어 있다. 멘쯔유 등 액체 육수도 미림이나 설탕이 들어있으므로 영양 성분 표시를 꼼꼼히 확인해야 한다.

당질 제한을 하는 데도 저염은 중요하다. 그런 의미에서 육수는 멸치나 다시마 등을 우려낸 것보다 더 좋은 게 없다. 다시마와 가쓰오부시, 멸치, 말린 표고버섯 등을 요리와 계절에 맞게 사용해보자. 일식 육수는 원래 당질이나 염분 함량이 극히 적다. 육수를 내기가 귀찮을 때는 미즈타키(닭전골 요리)나 샤부샤부 요리를 하면서 육수를 내는 것도 한 방법이다.

부용이나 콘소메 같은 양식 육수는 당질이 적은 채소나 고기를 사용하므로 안심하고 먹을 수 있다. 약한 불에서 오래 우려내는 중국요리 상탕도 마찬가지다. 직접 만든 육수는 재료의 맛을 제대로 느낄 수 있어 조미료를 적게 넣어도 충분히 맛을 낼 수 있다.

하지만 큐브 타입이나 과립 형태로 시판되는 육수에는 그에 상응하는 당질이나 염분이 함유된 것도 있다. 시판 중인 맑은 육수도 영양 성분 표시를 확인하기 바란다. 향신료나 허브 등을 잘 이용하면 부식만으로도 만족스러운 식사를 할 수 있을 것이다.

육수를 우려내면 저당질 식사를 실현하기 쉽다

육수를 잘 우려내면 싱겁더라도 재료의 맛이 살아나서 맛있게 먹을 수 있다. 특히 분말로 만든 일식 육수 중에는 당질이 적은 것이 많으므로 추천한다.

가다랑어 육수,
멸치 육수 100g
[당질 0g]

다시마 육수,
말린 표고버섯 육수 100g
[당질 0.9g]

걸쭉하게 하려면
한천을 활용하자!

분말 한천

전분이나 밀가루는 당질 함량(1큰술에 전분은 8g, 밀가루는 6.6g)이 높다. 분말 한천은 저당질 식품이므로 추천한다.

이것만은 주의!

시판 육수 재료

간편하게 사용할 수 있는 과립이나 고형 국물 재료는 염분이나 단맛(미림, 설탕 등) 등 조미료가 첨가된 것도 있으므로 잘 살펴보고 선택해야 한다.

액체
- 멘쯔유
- 다시마 육수
- 시로다시(맑은 육수)

예) 멘쯔유 1큰술
【당질 1.4g】

과립
- 닭 뼈 국물가루
- 과립 부용
- 일본식 국물가루

예) 과립 부용 1개
【당질 2.1g】

육수를 잘 이용하면 조미료를 적게 넣어도 맛있게 먹을 수 있다

간식은 견과류, 초콜릿, 치즈

달콤한 과자도 참을 필요가 없다!

칼로리를 제한하는 중이라면 먹어서는 안 되는 달콤한 디저트도 당질 제한하는 중이라면 먹어도 된다. 당질 제한식의 경우 간식으로 먹어도 되는 당질은 1일 10g이다. 이것은 커피 젤리 1개, 아몬드 초콜릿 5알, 푸딩이나 슈크림의 약 절반에 해당한다. 양과자에 빠질 수 없는 생크림은 고당질일 것 같지만, 200ml 컵 한 잔의 당질 함량은 약 6g으로 그다지 많지 않은 편이다. 오히려 화과자 속의 팥소에 당질이 몇 배나 더 많이 들어있으므로 **화과자보다 양과자 중에서 선택하면 좋을 것이다.**

출출한 배를 채우며 동시에 단맛을 즐기고 싶을 때 먹으면 좋은 것은 무가당 플레인 요구르트이다. 무가당 플레인 요구르트는 당질이 100g당 약 4g 정도이기 때문에 시판 제품 1개를 먹을 수 있다. 단, 꿀이나 과일을 섞으면 당질이 올라가므로 인공감미료를 사용하여 단맛을 내보자.

당질이 적고 단백질이 풍부한 치즈도 추천한다. 6조각 짜리 치즈라면 출출한 배를 어느 정도 채울 수 있는 데다 1조각당 당질 함량이 거의 제로에 가깝다. 건포도 몇 개 또는 아주 적은 양의 잼을 곁들여 단맛을 즐기는 것도 좋다. 또한 **당질이 적고, 지방이나 식이 섬유가 풍부한 견과류도 간식으로는 최고다.** 소금이나 설탕을 넣지 않고 볶은 것을 고르면 된다. 최근에는 인공감미료를 사용하여 저당질을 내세운 디저트 견과류도 많이 나오고 있다.

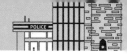

당질 제한 중에도 걱정하지 않고 먹을 수 있는 간식

당질을 제한할 때 간식으로 먹어도 되는 당질의 양은 1일 10g(2회에 나누어 5g씩 섭취해도 된다)이다. 당질을 낮추기 위해서는 저당질 과자를 이용하는 것도 좋을 것이다.

치즈

100g
【당질 0.1g 정도】

과자

인공감미료로 직접 만들면 당질 제로

커피 젤리 1개【당질 약 10g】
아몬드 초콜릿 5개【당질 약 10g】

전병 과자나 감자칩 같은 짭짤한 과자도 고당질이다. 푸딩이나 슈크림 등은 절반이 기준이지만, 유지방분이 높은 것을 고르는 것이 좋다. 푸딩이나 슈크림도 저당질 상품이 나와있다.

견과류

호두는 양질의 지방도 풍부하게 함유하고 있어 매일 30g 먹는 것이 좋다. 다만 아무것도 가미하지 않고 볶은 것이 좋다.

OK

원가를 가미한다면 저당질 인공감미료를 넣는다.

NG

꿀이나 설탕을 뿌리거나 과일을 넣으면 당질이 많아지므로 먹는 양에 주의한다.

요구르트

무가당 요구르트 100g
【당질 약 4g】

무가당 요구르트 100g당 당질은 약 4g이다. 마시는 요구르트나 우유 음료는 설탕 등 당분을 첨가한 경우가 많으므로 기본적으로 피하는 것이 좋다.

12 당질을 적절하게 제한한다면 술은 마셔도 된다!

술 마실 때는 안주를 잘 골라야 한다

술을 좋아하는 사람도 당질 제한식을 어렵지 않게 실천할 수 있다. 위스키, 소주, 진, 보드카 같은 증류주는 당질 제로이기 때문이다.

당질을 함유한 양조주 중에서도 와인의 당질 함량은 미량이고, 당질이 많은 편에 속하는 일본 술(청주)도 당질 함량이 1홉(180ml)에 약 5g으로 적다. 필자는 집에서 주식을 먹지 않고, 돼지고기 샤부샤부 등을 안주 삼아 일본 술을 즐기는 일이 많다. 맥주는 미량이지만 당질이 함유되어 있으므로 과음하지 않도록 주의해야 한다. 최근에 많이 판매되는 당질 제로 맥주나 발포주로 대체하는 것도 하나의 방법이다.

그렇다면 술안주로는 무엇을 먹는 게 좋을까? 집에서 먹을 때는 어느 정도 당질 함량을 조정할 수 있지만 외식할 때는 그렇게 하기도 쉽지 않다. 그러므로 당질이 적은 요리를 기억해두도록 하자. 추천 메뉴는 가라아게(튀김), 냉두부, 생선회, 생선구이, 달걀말이 등이다. 이런 음식은 모두 당질 함량이 적다. 닭꼬치를 먹을 때는 양념장보다는 소금을 찍어 먹자. 술집 메뉴 중 고기 감자조림 등 조림 요리에는 당질이 많이 함유되어 있다. **기본적으로 매콤 달콤한 양념은 당질이 많다고 생각하면 된다.** 김치 등 최근 인기 있는 한국 요리는 일본인의 입맛에 맞추어 단맛을 더한 것이 많으므로 잘 골라 먹어야 한다.

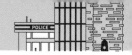

술의 당질 함량

술과 함께 당질을 섭취하면 식후 혈당이 완만하게 상승하므로 술을 마실 때는 안주를 먹는 것이 좋다.

당질 함량	술 종류
0g	• 램 • 진 • 위스키 • 소주 • 아와모리 소주(오키나와 지역 전통주)
당질 함량이 적음	• 와인(레드/화이트) 200ml 【당질 1~2g】 • 맥주(연한 색) 350ml 【당질 미량】 ※브랜드에 따라서는 당질을 함유한 것도 있으므로 과음하지 않도록 주의한다.
당질 함량이 많음	• 일본 술 1홉 【당질 5g】 • 아마자케(일본식 감주) 100ml 【당질 18.3g】 • 매실주 100ml 【당질 20.7g】

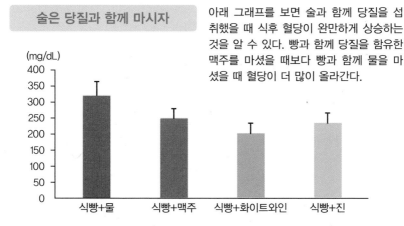

술은 당질과 함께 마시자

아래 그래프를 보면 술과 함께 당질을 섭취했을 때 식후 혈당이 완만하게 상승하는 것을 알 수 있다. 빵과 함께 당질을 함유한 맥주를 마셨을 때보다 빵과 함께 물을 마셨을 때 혈당이 더 많이 올라간다.

(mg/dL)

식빵+물 식빵+맥주 식빵+화이트와인 식빵+진

※ [Am Clin Nutr 2007, 85, 1545-1551]을 바탕으로 작성

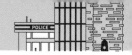

당질 제한식 Q&A

당질을 제한하는데도 아무런 효과가 없을 때도 있고, 먹고 싶은 욕구를 억누를 수 없을 때도 있을 것이다. 이런 경우에는 어떻게 해야 할지 알아보자.

Question

당질 함량에 신경을 썼지만 체중 변화가 없다. 왜 그럴까?

Answer

숨은 당질이 없는지 점검해보자

당질 제한식을 계속하고 있지만 체중도, 혈당치도 전혀 개선되지 않는다. 당질 제한식이 효과 없는 체질이 있는 걸까?

당질을 제한하는데도 아무런 효과가 없다면 식품을 잘못 선택했기 때문인지도 모른다. 생각보다 당질 함량이 많은 식품이나 조미료도 있으므로 한번 점검해보기 바란다. 가능하면 섭취량을 계산해보자. 그리고 비만이 아닌 사람은 당질을 제한해도 체중이 줄지 않는 경우가 많다.

Question

먹는 양이 적어서 참기가 힘들다

Answer

배고픔을 참지 말고 지방과 단백질을 섭취하자

좋아하는 밥과 파스타를 많이 못 먹으니까 괴롭다. 좋아하는 것을 먹지 않고 계속 참을 자신이 없다.

일단 주식의 양을 줄였다면 그 이상으로 부식의 양을 늘려야 한다. 당질 함량을 고려하며 주식을 먹는 것이 좋으므로 주식을 마지막에 먹는 등 먹는 방법을 궁리하여 만족할 만한 식사법을 찾자.

Question

몸 상태가 좋지 않을 때는 당질이 많은 식사를 해도 될까?

감기에 걸리거나 배탈이 났을 때는 소화가 잘되는 죽이나 스포츠 음료가 좋을 것 같은데, 당질이 좀 걱정된다.

Answer

먹을 수가 없어도 탈수 예방을 위해 물을 마시자!

몸 상태가 좋지 않을 때는 그것만으로도 혈당이 상승하기 쉽다. 이럴 때는 수분을 섭취하고 안정을 취하는 것이 좋다. 먹을 수 있게 되면 두부나 두유, 죽, 온천 달걀, 수프 등을 조금씩 섭취하자. 수분조차 섭취할 수 없을 때는 병원에 가서 진료를 받아보길 권한다.

Question

정말 좋아하는 가게의 음식이 먹고 싶다!

평소에는 당질 제로 면을 먹고 있는데, 자주 먹던 라멘 가게의 진한 맛을 잊을 수 없다. 초밥도 먹고 싶다….

Answer

음식점에 상의해 보는 방법도 있다

면의 양을 절반으로 하고, 그 대신 토핑을 많이 올리는 등 당질을 줄이는 방법을 생각하자. 초밥은 안주를 제대로 먹은 후, 밥을 적게 해서(초밥 1개에 밥 10g 미만), 8개 정도 먹는 것은 괜찮다.

Question

정상 혈당치가 되면 당질 제한식을 할 필요가 없을까?

Answer

당질 제한식을 계속할 필요가 있다!

비만이 걱정되어 당질 제한식을 계속하고 있지만 체중이 좀 줄고, 혈당치가 정상으로 돌아오면 그만하려고 생각하고 있다.

먹는 방식에 문제가 있어 당질 제한식을 그만하고 싶어지는지도 모른다. 오래 계속할 수 있도록 즐기며 먹는 방법을 생각해보자. 그만두면 금방 원래 상태로 돌아가버린다.

Question

아침을 걸렀다면 점심은 어떻게 해야 할까?

Answer

점심에는 지방 & 단백질을 섭취한다

늦잠을 자는 날은 아침을 먹지 않고 출근하는 일이 많다. 아침 식사를 거른 날의 점심에는 밥이나 면을 많이 먹어도 괜찮을까?

저혈당 상태일 때 점심으로 탄수화물을 섭취하면 식후 혈당이 급격히 올라서 위험하다. 평소 이상으로 지방과 단백질을 많이 섭취하고(부식을 충분히 먹고), 당질(주식)은 적게 먹는 것이 좋다.

Question

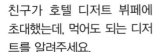

디저트 무한리필 가게에 가고 싶다!

친구가 호텔 디저트 뷔페에 초대했는데, 먹어도 되는 디저트를 알려주세요.

Answer

생크림이나 치즈라면 괜찮다

생크림을 사용한 과자나 굽지 않은 치즈 케이크는 지방을 섭취할 수 있으므로 추천한다. 달콤하지 않은 쌉쌀한 스파클링 와인이 있으면 함께 마시는 것도 괜찮다. 술의 힘으로 식후 고혈당을 막을 수 있기 때문이다.

111

Question

술자리에서 과식했다면 어떻게 해야 할까?

술자리에서 즐거워서 그만 과식을 해버렸다. 다음 날 식사를 거르면 플러스 마이너스 제로가 되지 않을까 싶은데….

Answer

먹는 당질의 양에는 변함이 없다

어느 때는 실컷 먹고, 어느 때는 단식하는 방식은 예전의 칼로리 제한 방식이어서 권하지 않는다. 고기나 생선은 배부르게 먹어도 괜찮다. 회식하는 날에는 아침에 지방과 단백질을 충분히 섭취하여 밤에 있을 식후 고혈당을 막도록 하자.

13 당질을 너무 많이 섭취하면 신장이 손상된다?

자각증상이 없어도 주의해야 한다!

당질의 과다 섭취는 비만을 부르는 데 그치지 않고 신장 기능의 저하로 이어진다. 이것이 바로 **당뇨병의 3대 합병증 중 하나인 당뇨병성 신증**이다.

신장(콩팥)은 몸속 수분량과 염분 농도를 조절하여 혈압을 일정하게 유지하고, 동시에 혈액 속의 노폐물을 여과하여 소변을 만든다. 당뇨병으로 신장 기능이 저하되면 노폐물이나 수분이 잘 배출되지 않아, 몸에 부종이 생기거나 쉽게 피로를 느끼게 된다. 또한 빈혈을 일으키거나 온몸에 가려움증이 생길 수도 있다. 이런 상태를 신부전이라고 한다.

신부전이 되기도 전에 소변에 알부민이라는 물질이 섞여 나오거나, 자각증상이 없어도 노폐물의 여과 능력이 떨어지는 상황이 3개월 이상 지속되는 것을 '만성 콩팥병(만성 신장병)'이라고 한다. 만성 콩팥병을 방치하면 이윽고 신부전이 되고 결국 소변을 만드는 능력이 상실되어 인공투석을 해야 하는 상황이 된다.

그만큼 무서운 질병인데도 만성 콩팥병의 특성상 발병 초기에는 자각증상이 거의 없다. 손발의 부종이나 빈혈, 숨참 등 몸이 좋지 않다는 것을 느꼈을 때는 이미 병세가 상당히 진행된 상태인 경우가 많다. **만성 콩팥병을 새로운 국민병이라고도 하는데, 그 시작은 당뇨병인 경우가 많다.** 그런 의미에서 당질 제한식은 만성 콩팥병을 막는 첫걸음이라 할 수 있을 것이다.

신장의 구조와 콩팥병

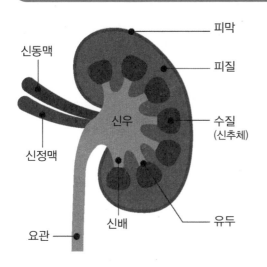

피막

신동맥

피질

신우

수질
(신추체)

신정맥

신배

유두

요관

신장의 구조와 작용

신장 안에 있는 모세혈관 덩
어리(사구체)와 그곳을 둘러
싸고 있는 족세포(podocyte)
가 혈액을 여과하여 소변을
만든다.

신장의 혈관이 손상되면
필터 기능이 작동하지 않는다

심부전이나
부정맥

수분·체액·전해질을 조정
할 수 없게 되면 심부전이
나 세포 기능장애로 이어지
기도 한다.

심근경색이나
뇌졸중

혈압을 조절하지 못하면 고
혈압이 된다. 고혈압은 심
근경색이나 뇌졸중으로 이
어질 가능성이 있다.

신장의
산소 부족

산소가 부족하면 조혈 호르몬
을 생산, 분비하는 신장 기능
이 저하되어 적혈구를 생성하
지 못해서 빈혈이 생긴다.

요독증으로
죽음에 이를 수도

소변의 성분(요독소)이 혈액
에 쌓이면 요독증을 일으키
는데, 방치하면 죽음에 이를
수 있다.

칼슘
흡수 장애

비타민 D를 활성화하는
기능이 떨어진다.
뼈를 만드는 기능이 저하
되어 뼈가 약해진다.

14 신장을 지키기 위해서는 지방과 단백질을 섭취하자

단백질을 먹어야 신장이 건강해진다!

신장 기능이 저하되면 단백질을 대사하는 과정에서 생기는 노폐물이 신장에서 배설되지 않고 체내에 축적된다. 그 때문에 콩팥병(신장병) 환자의 식이요법에는 단백질 제한이 권장되어 왔다. 당질을 제한하고 단백질과 지방을 많이 섭취하면 신장 기능이 악화한다고 여겼기 때문이다.

그런데 2013년 미국당뇨병학회는 '신장 기능과 단백질은 관련이 없다'고 밝혔으며, 최근에는 단백질 섭취량이 많아야 신장 기능이 보호된다는 내용의 논문도 여러 편 발표했다. **신장 기능을 위해서는 단백질을 제한할 게 아니라 오히려 고기나 생선, 달걀 같은 양질의 단백질을 충분히 섭취해야 한다는 것이다.**

단백질이 부족하면 근육이 약해져 죽음을 초래할 수도 있다. 다만 단백질을 먹어도 에너지가 부족하면 섭취한 단백질이 에너지로 사용되기 때문에 근육이 쇠약해지는 것을 막을 수 없다. 3대 영양소 중에서 에너지로 사용해야 할 것은 지방이다. 지방은 탄수화물을 대체하는 에너지원이 되므로 **신장을 보호하기 위해서라도 충분히 섭취하는 게 좋다.**

요컨대 콩팥병이 발병한 후에도 당질 제한은 계속해야 한다. 다만 고혈압은 고혈당 이상으로 신장에 부담을 줄 수 있으므로 **혈압에 미치는 영향이 큰 염분은 적당히 섭취하는 것이 좋다.**

신장에 부담을 주지 않는 식사란?

종래의 식이요법

단백질 제한	지방 제한	탄수화물 섭취	염분 제한
콩팥병이 어느 정도 진행되면 비계가 많은 고기는 제한하는 등 단백질을 과다 섭취하지 않도록 했다.	고기 비계나 껍질을 피하고 닭가슴살 같은 지방이 적은 부위를 선택하는 등 지방을 과다 섭취하지 않도록 했다.	지방과 단백질을 적게 먹고, 에너지원 섭취를 확보하기 위해 탄수화물을 적극적으로 섭취하도록 했다.	고혈압은 신장 기능을 떨어뜨린다는 이유로 하루 염분 섭취량을 6g 미만으로 제한했다.

⬇

당질 제한 식이요법

단백질 OK	지방 OK	당질 과다 섭취에 주의	염분 제한
콩팥병 환자는 단백질을 적게 섭취해야 한다고 하지만, 그것을 입증할 만한 자료가 없다. 오히려 적극적으로 섭취하는 것이 좋다.	지방은 섭취량을 걱정하지 않고 마음껏 먹어도 된다. 질 좋은 지방(=산화되지 않은 지방)을 섭취하는 것이 좋다.	혈당의 급상승은 신장의 혈관이나 췌장에도 악영향을 준다. 당뇨병은 콩팥병으로 이어질 수 있다.	고혈압은 신장 기능을 떨어뜨린다는 이유로 하루 염분 섭취량을 6g 미만으로 제한했다. 이건 지금도 마찬가지다.

신장을 지키기 위해서는 지방과 단백질을 섭취하자

15 신장에 부담이 가지 않게 탄수화물을 섭취하는 법

지금 당장 시작해야 할 것은 염분 제한이다

신장은 체내 수분과 염분의 양을 조절하는 역할을 한다. 짠 음식을 섭취하면 신장이 체내 염분 농도를 일정하게 유지하기 위해 수분을 계속 끌어들이고(소변의 양을 줄여), **섭취한 수분보다 배출량이 적어지면서 부종이 생기게 되고, 신장에도 부담을 줄 수밖에 없게 된다. 신장을 지키기 위해 우리가 반드시 실천해야 할 것은 염분 제한이다.** 소시지, 햄, 베이컨 같은 가공육, 어묵 같은 반죽 제품에는 염분이 많이 함유되어 있으므로 과다 섭취하지 않도록 주의하자(식빵에도 염분이 있다).

신부전이 되면 칼륨과 인의 섭취도 제한해야 하므로 칼륨, 인 함유율이 적은 식품을 선택해야 한다. 칼륨은 채소에 많이 함유되어 있으나 **물에 녹는 성질이 있으므로 삶으면 제한할 수 있다.** 채소 주스에도 칼륨이 많이 들어있다.

신장 기능이 저하되면 혈액 속에 인이 축적된다. 단백질 함량이 높은 식품에는 인도 많이 함유되어 있는데 단백질을 제한하면 인 섭취도 억제할 수 있다고 생각하는 사람이 있다. 하지만 인을 제한하기 위해서 단백질을 제한하면 오히려 사망률이 높아진다는 연구 결과도 있어서 인 섭취 제한을 권유하지는 않는다.

칼륨과 인의 섭취가 문제가 되는 것은 만성 콩팥병(만성 신장병), 그것도 신부전이 상당히 진행되고 난 후의 일이다. **그렇게 되기 전에 당질을 조절해야 할 것이다.**

장 건강에 좋은 식사법

과식
주의

염분 과다
섭취에 주의

혈당을 높이지 않을 정도로
탄수화물을 섭취하면 된다.

지방·단백질은 걱정하지
않아도 된다.

칼륨도 주의가
필요하다고 하지만…

칼륨이나 수분을 너무
많이 섭취해도 신장에
좋지 않다고 하지만, 신
부전이 상당히 진행된
사람에 한한다.

혈액투석 환자 중
가장 많은 비율을
차지하는 것이 당뇨병
환자

혈액투석 환자 중
두 번째로 많은것이
고혈압에서 유래하는
신장경화증 환자

신장에 부담이 가지 않게 탄수화물을 섭취하는 법

과당 섭취 주의!

과당은 콩팥병 환자뿐만 아니라 모든
사람이 주의해서 섭취해야 한다.

식품별 탄수화물 함량 일람표

주요 식재료의 '이용 가능한 탄수화물'과 '식이 섬유 총량', '탄수화물'을 목록으로 정리했다. 이 표를 참고로 당질(이용 가능한 탄수화물)을 한 끼에 20~40g 섭취하도록 하자. 이용 가능한 탄수화물은 84~85쪽을 참조하기 바란다.

※ 문부과학성 '일본 식품표준성분표 2020년판'에 준거한 데이터베이스를 바탕으로 작성했다.
※ 성분 데이터(g)는 먹을 수 있는 부분 100g당 수치를 명시했다.
※ 이용 가능한 탄수화물은 단당당량이 분명한 경우에는 단당당량을 채택하고, 단당당량이 분명치 않은 경우에는 차감법을 채택했다. 차감법에 의한 수치는 *로 나타냈다.
※ 0.1g 미만의 경우 0g, 미량의 경우는 Tr, 미측정의 경우는 −로 나타냈고, 추정치는 ( ) 안에 나타냈다.

	이용 가능한 탄수화물 (단당당량)	식이 섬유 총량	탄수화물
● 주식·곡류			
백미밥	38.1	1.5	37.1
현미밥	35.1	1.4	35.6
죽	16.2	0.1	15.7
주먹밥	39.7	0.4	39.4
떡	50.0	0.5	50.8
팥밥	(41.0)	1.6	41.9
식빵	48.5	(2.0)	(47.5)
호밀빵	*49	5.6	52.7
통밀빵	43.7	4.5	45.5
롤빵	49.7	2.0	48.6
크루아상	(52.3)	1.9	51.5
난(인도의 전통 빵)	(45.6)	2.0	47.6
피자 반죽	(53.2)	2.3	51.1
우동(삶은 것)	21.4	1.3	21.6
소면·냉국수(삶은 것)	25.6	0.9	25.8
메밀국수(삶은 것)	(27.0)	2.9	26.0
중국면(삶은 것)	27.7	2.8	29.2
마카로니 스파게티(삶은 것)	31.3	3.0	32.2
미펀(쌀국수)	(79.9)	0.9	79.9

	이용 가능한 탄수화물 (단당당량)	식이 섬유 총량	탄수화물
팝콘	(59.5)	9.3	59.6
시리얼	(89.9)	2.4	83.6
만두피	(60.4)	2.2	57.0
박력분	80.3	2.5	75.8
빵가루(건조)	(68.5)	4.0	63.4
● 채소류			
아스파라거스	2.1	1.8	3.9
풋콩	4.7	5.0	8.8
청완두(그린피스)	12.8	7.7	15.3
오크라	1.9	5.0	6.6
순무(뿌리)	3.5	1.4	4.8
주키니호박	17.0	3.5	20.6
양배추	3.5	1.8	5.2
오이	2.0	1.1	3.0
우엉	1.1	5.7	15.4
소송채	0.3	1.9	2.4
차조기	*1	7.3	7.5
쑥갓	0.4	3.2	3.9
애호박	2.3	1.3	2.8
셀러리	1.4	1.5	3.6
누에콩(삶은 것)	13.7	4.0	16.9
무(뿌리)	2.9	1.3	4.1
죽순(삶은 것)	1.6	3.3	5.5
양파	7.0	1.5	8.4
청경채	0.4	1.2	2.0
옥수수	12.5	3.0	16.8
토마토	3.1	1.0	4.7
방울토마토	4.6	1.4	7.2
토마토(홀 캔)	(3.6)	1.3	4.4
가지	2.6	2.2	5.1
여주	0.3	2.6	3.9

	이용 가능한 탄수화물 (단당당량)	식이 섬유 총량	탄수화물
부추	1.7	2.7	4.0
당근(뿌리)	5.8	2.4	8.7
대파	3.6	2.5	8.3
잎파	0	3.2	6.5
배추	2.0	1.3	3.2
바질	0.3	4.0	4.0
파슬리	0.9	6.8	7.8
피망	2.3	2.3	5.1
빨간 파프리카	5.3	1.6	7.2
노란 파프리카	4.9	1.3	6.6
브로콜리	2.4	5.1	6.6
시금치	0.3	2.8	3.1
경수채	*2.1	3.0	4.8
콩나물	0.6	2.3	2.3
멜로키아	0.1	5.9	6.3
백합근(유리네)	*24.3	5.4	28.3
양상추	1.7	1.1	2.8
연근	14.2	2.0	15.5
● 버섯류			
팽이버섯	1.0	3.9	7.6
표고버섯	0.7	4.9	6.4
마른 표고버섯	11.8	46.7	62.5
느티만가닥버섯	1.4	3.0	4.8
나도팽나무버섯	2.5	3.4	5.4
새송이버섯	3.0	3.4	6.0
잎새버섯	0.3	3.5	4.4
양송이버섯	0.1	2.0	2.1
● 뿌리채소			
판 곤약	*0.1	2.2	2.3
실곤약	*0.1	2.9	3.0
고구마	31.0	2.8	33.1

	이용 가능한 탄수화물 (단당당량)	식이 섬유 총량	탄수화물
토란	11.2	2.3	13.1
감자	15.5	9.8	15.9
마	14.1	1.0	13.9
참마(야마토이모)	26.9	2.5	27.1
칡국수(삶은 것)	32.4	0.8	33.3
타피오카 펄(삶은 것)	*15.1	0.2	15.4
녹두당면(삶은 것)	19.8	1.5	20.6
● 과일류			
딸기	6.1	1.4	8.5
감	13.3	1.6	15.9
귤	9.2	1.0	12.0
오렌지	8.3	1.0	11.8
자몽	7.5	0.6	9.6
키위	9.6	2.6	13.4
코코넛밀크	9.4	0.2	2.8
체리	*14.2	1.2	15.2
수박	*9.5	0.3	9.5
건자두	42.2	7.1	62.3
일본배	8.3	0.9	11.3
서양배	9.2	1.9	14.4
파인애플	12.6	1.2	13.7
바나나	19.4	1.1	22.5
비파	5.9	1.6	10.6
포도	14.4	0.5	15.7
블루베리	8.6	3.3	12.9
망고	13.8	1.3	16.9
멜론	9.6	0.5	10.3
복숭아	8.4	1.3	10.2
리치	15.0	0.9	16.4
사과	12.4	1.4	15.5
유자(과즙)	*6.7	0.4	7.0

	이용 가능한 탄수화물 (단당당량)	식이 섬유 총량	炭水化物
라임(과즙)	1.9	0.2	9.3
레몬(과즙)	1.5	Tr	8.6
● 콩류·대두 제품			
팥(삶은 것)	18.2	8.7	25.6
강낭콩(삶은 것)	17.3	13.6	24.5
병아리콩(삶은 것)	20.0	11.6	27.4
렌틸콩(삶은 것)	(23.3)	9.4	29.1
대두(삶은 것)	1.6	8.5	8.4
콩가루	6.8	15.3	29.5
목면두부	0.8	1.1	1.5
연두부	1.0	0.9	2.0
유부	0.5	1.3	0.4
간모도키(두부완자)	2.2	1.4	1.6
낫토	0.3	6.7	12.1
비지(생)	0.6	11.5	13.8
두유	1.0	0.2	3.1
조제 두유	1.9	0.3	4.8
● 종실류			
아몬드(볶은 것, 무염)	(5.9)	11.0	20.7
은행(삶은 것)	33.6	2.4	35.8
밤(삶은 것)	32.8	6.6	36.7
호두(볶은 것)	2.8	7.5	11.7
깨(볶은 것)	0.8	12.6	18.5
피스타치오(볶은 것, 양념)	(8.2)	9.2	20.9
마카다미아(볶은 것, 양념)	(4.8)	6.2	12.2
땅콩(볶은 것)	10.8	11.4	21.3
땅콩버터	19.8	7.6	24.9
● 어패류·어패류 가공품			
전갱이	0.1	0	0.1
정어리	0.2	0	0.2
잔멸치(지리멸치)	0.1	0	0.1

	이용 가능한 탄수화물 (단당당량)	식이 섬유 총량	탄수화물
장어	(0.3)	(0)	0.3
가다랑어	(0.1)	(0)	0.1
알배기 가자미	(0.1)	(0)	0.1
자반연어	(0.1)	(0)	0.1
연어알	(0.2)	(0)	0.2
고등어	(0.3)	(0)	0.3
꽁치	(0.1)	(0)	0.1
시샤모(열빙어)	(0.2)	(0)	0.2
참치 통조림	(0.2)	(0)	0.2
바지락	(0.4)	(0)	0.4
굴	2.5	0	4.9
모시조개(가막조개)	(4.5)	(0)	4.5
대합	(1.8)	(0)	1.8
가리비 관자	(3.5)	(0)	3.5
블랙타이거새우	(0.3)	(0)	0.3
털게	(0.2)	(0)	0.2
화살오징어	(0.4)	(0)	0.4
문어	(0.1)	(0)	0.1
성게	(3.3)	(0)	3.3
게맛살	*10.2	(0)	9.2
가마보코(찐 어묵)	*11.0	(0)	9.7
한펜(마를 섞어 찐 어묵)	*11.5	(0)	11.4
사츠마아게(튀긴 어묵)	*14.6	(0)	13.9
어육 소시지	*14.5	(0)	12.6
● 해조류			
다시마(말린 것)	0.1	32.1	64.3
우무	*0.1	0.6	0.6
한천	0	1.5	1.5
가루 한천	0.1	79.0	81.7
톳(말린 것)	0.4	51.8	58.4
큰실말(소금기를 뺀 것)	*0.1	1.4	1.4

	이용 가능한 탄수화물 (단당당량)	식이 섬유 총량	탄수화물
자른 미역(말린 것)	0	39.2	42.1
미역귀	0	3.4	3.4
● 육류·육가공품			
쇠고기(각 부위)	(0~0.6)	(0)	0~0.6
돼지고기(각 부위)	(0~0.3)	(0)	0~0.3
닭고기(각 부위)	(0~0.1)	(0)	0~0.1
콘비프(소금으로 간 한 쇠고기 통조림)	1.0	(0)	1.7
로스햄	1.2	0	2.0
생햄(장기 숙성)	0.1	(0)	0
베이컨	1.6	(0)	2.5
비엔나소시지	3.4	0	3.3
치킨 너겟	13.9	1.2	14.9
● 알 종류			
메추리알	(0.3)	(0)	0.3
달걀	0.3	0	0.4
● 유류·유제품			
일반 우유	4.7	(0)	4.8
크림(유지방)	2.9	0	6.5
커피용 유지방(액상)	(1.7)	(0)	5.5
요구르트(무설탕)	3.9	(0)	4.9
내추럴 치즈(카망베르)	0	(0)	0.9
내추럴 치즈(크림)	2.5	(0)	2.3
내추럴 치즈(파르메산)	0	(0)	1.9
내추럴 치즈(마스카르포네)	3.6	(0)	4.3
내추럴 치즈(모차렐라)	0	(0)	4.2
가공 치즈	0.1	(0)	1.3
● 조미료			
올리브유	*1.1	0	0
참기름	*1.9	0	0
카놀라유	*2.5	0	0
가염 버터	0.6	(0)	0.2

	이용 가능한 탄수화물 (단당당량)	식이 섬유 총량	탄수화물
마가린	0.9	(0)	0.5
그래뉴당	(104.9)	(0)	100
꿀	75.3	(0)	81.9
메이플 시럽	*66.3	(0)	66.3
우스터 소스	24.1	0.5	27.1
중농 소스	26.9	1.0	30.9
오코노미야키 소스	29.6	0.9	33.7
두반장	*4.1	4.3	7.9
진간장	1.6	(Tr)	7.9
국간장	2.6	(Tr)	5.8
소금	0	0	0
흑초	*9.0	(0)	9.0
곡물 식초	*2.4	(0)	2.4
쌀 식초	*7.4	0	7.4
발사믹 식초	(16.4)	(0)	19.4
사과식초	(0.5)	(0)	2.4
초밥 식초	(8.6)	0	(14.3)
멘쯔유(소바용 맛간장)	*8.9	—	8.7
굴소스	*19.9	0.2	18.3
데미글라스 소스	*11.0	—	11.0
춘장	*35.0	3.1	38.1
화이트소스	(5.6)	0.4	9.2
폰즈 간장	7.0	(0.3)	10.8
불고기 양념	(28.4)	(0.4)	(32.3)
토마토케첩	(24.3)	1.7	27.6
마요네즈	(2.1)	(0)	3.6
프렌치드레싱	(11.4)	0	(12.4)
일본식 드레싱(논오일 타입)	*17.2	0.2	16.1
참깨 드레싱	13.1	(0.8)	(15.0)
쌀된장(싱겁게 간을 한 된장)	*33.3	5.6	37.9
커리 루	38.1	6.4	44.7

탄수화물, 제대로 알고 건강하게 먹자

	이용 가능한 탄수화물 (단당당량)	식이 섬유 총량	탄수화물
미림풍 조미료	39.9	(0)	55.7
홀그레인 머스타드	(5.1)	—	12.7
후추(흰색, 가루)	(42.5)	—	70.1
다진 생강	(5.1)	—	8.6
간마늘	(1.3)	—	37.0
와사비	*41.2	—	39.8
● 음료			
일본 술(사케)	2.5	0	4.9
맥주(담색)	Tr	0	3.1
와인(화이트)	(2.5)	—	2.0
와인(레드)	(0.2)	—	1.5
소주	0	(0)	0
위스키	0	(0)	0
매실주	20.7	0	20.7
감주	(18.3)	0.4	18.3
혼미림(맛술)	26.8	—	43.2
스위트와인	(12.2)	—	13.4
센차(일본의 대표적 녹차)	*0.3	—	0.2
홍차	*0.1	—	0.1
커피	(0)	—	0.7
콜라	(12.2)	—	11.4
토마토 주스	*3.3	0.7	4.0
야채 믹스 주스	3.1	0.9	4.7
오렌지 주스(스트레이트)	9.0	0.3	11.0
사과 주스(스트레이트)	10.8	Tr	11.8

제1장

1. 일본임상 2003; 61(10): 1837-1843
2. JAMA Intern Med 2018; 178(8): 1098-1103
3. Diabetes Care 2006; 29(9): 2140-2157
4. 당뇨병 2013; 56(7): 409-412

제2장

1. JAMA 2017; 317(24): 2515-2523
2. JAMA 2006; 295(14): 1681-1687
3. BMJ Open Diabetes Res Care 2021; 9(1): e001923
4. Cardiovasc Diabetol 2021; 20(1): 15
5. Diabetes Care 2010; 33(10): 2169-2174
6. J Gerontol A Biol Sci Med Sci 2015; 70(9): 1097-1104
7. Metabolism 2018; 81: 25-34
8. Diabetes Obes Metab 2017; 19(10): 1479-1484
9. J Diabetes Investing 2015; 6(3): 289-294
10. N Engl J Med 2013; 369(2): 145-154
11. Diabetes Care 2014; 37(10): 2822-2829
12. J Bone Miner Res 2016; 31(1): 40-51
13. 일본인의 식사 섭취 기준 (2020년도 판) page70: 그림 12
14. J Clin Endocrinol Metab 2009; 94(11): 4463-4471
15. J Diabetes Res 2017; 2017: 9634585
16. Diabetes Care 2018; 41(5): e76-e77
17. Ageing Res Rev 2017; 39: 46-58
18. JAMA Intern Med 2020; 180(11): 1491-1499
19. Cell 2014; 156(1-2): 84-96
20. Nat Commun 2013; 4: 1829
21. 국립건강 · 영양연구소 홈페이지 (국민건강 · 영양조사 | 국립건강 · 영양연구소 (nibiohn.go.jp)) (02.xlsx(live.com))
22. Diabetes Care 2013: 36(11): 3821-3842
23. Diabetes Care 2019; 42(5): 731-754
24. Diabetology 2021; 2(2): 51-64
25. Exerc Sport Sci Rev 2013; 41(3): 169-173
26. Circulation 2011; 123: 2292-2333
27. JAMA 2015; 313(24): 2421-2422
28. EurHeart J 2013; 34: 1225-1232
29. Circulation 2002; 105(16): 1897-1903
30. Asia Pac J Clin Nutr 2011;20(2): 161-168
31. Diabetologia 2016; 59(3): 453-461
32. Diabet Med 1988; 5(1): 13-21

제3장

1. J Alzheimers Dis 2009; 16(4): 677-685
2. Nutr Rev 2010; 68(7): 375-388
3. Nutr Metab Cardiovasc 2004; 14(6): 373-394
4. Diabetes Care 1994; 17(5): 519-522
5. Diabetes Care 2019; 42(5): 731-754
6. JAMA 2014; 312(12): 1218-1226
7. Nutrients 2018; 10(8): 1080
8. JAMA 2014; 312(23): 2531-2541
9. J Clin Invest 2009; 119(5): 1322-1334
10. Obesity (Silver Spring) 2024; 32(1): 12-22
11. Obesity (Silver Spring) 2014; 22(6): 1415-1421

잠 못들 정도로 재미있는 이야기
탄수화물

2025. 2. 5. 초 판 1쇄 인쇄
2025. 2. 12. 초 판 1쇄 발행

지은이 | 야마다 사토루
옮긴이 | 김선숙
펴낸이 | 이종춘
펴낸곳 | BM (주)도서출판 **성안당**
주소 | 04032 서울시 마포구 양화로 127 첨단빌딩 3층(출판기획 R&D 센터)
     10881 경기도 파주시 문발로 112 파주 출판 문화도시(제작 및 물류)
전화 | 02) 3142-0036
     031) 950-6300
팩스 | 031) 955-0510
등록 | 1973. 2. 1. 제406-2005-000046호
출판사 홈페이지 | www.cyber.co.kr
ISBN | 978-89-315-8892-7 (04080)
       978-89-315-8889-7 (세트)
정가 | 9,800원

이 책을 만든 사람들
책임 | 최옥현
진행 | 김해영
교정·교열 | 김태희
본문 디자인 | 김인환
표지 디자인 | 박원석
홍보 | 김계향, 임진성, 김주승, 최정민
국제부 | 이선민, 조혜란
마케팅 | 구본철, 차정욱, 오영일, 나진호, 강호묵
마케팅 지원 | 장상범
제작 | 김유석

www.cyber.co.kr ★★★
성안당 Web 사이트